Nestor SALUMU NDALIBANDU

LA PASTORALE PAROISSIALE DANS L'ÉGLISE FAMILLE DE DIEU EN R.D.CONGO

Nestor SALUMU NDALIBANDU

LA PASTORALE PAROISSIALE DANS L'ÉGLISE FAMILLE DE DIEU EN R.D.CONGO

Éditions Croix du Salut

Imprint
Any brand names and product names mentioned in this book are subject to trademark, brand or patent protection and are trademarks or registered trademarks of their respective holders. The use of brand names, product names, common names, trade names, product descriptions etc. even without a particular marking in this work is in no way to be construed to mean that such names may be regarded as unrestricted in respect of trademark and brand protection legislation and could thus be used by anyone.

Cover image: www.ingimage.com

Publisher:
Éditions Croix du Salut
is a trademark of
Dodo Books Indian Ocean Ltd., member of the OmniScriptum S.R.L Publishing group
str. A.Russo 15, of. 61, Chisinau-2068, Republic of Moldova Europe
Printed at: see last page
ISBN: 978-620-3-84276-0

DEDICACE

Cardinal Joseph Albert MALULA, modèle d'innovation pastorale au Congo et en Afrique.

PREFACE

Notre Eglise locale en République Démocratique du Congo avait opté d'inscrire son action pastorale dans la dynamique de l'Eglise famille de Dieu. C'est le souci de renouveler notre pastorale au seuil du troisième millénaire.[1]

En effet, au regard des réalités que nous vivons, ce besoin de construire notre Eglise locale dans la perspective de l'Eglise Famille de Dieu est de plus en plus ressenti. Cette image de la famille met l'accent entre autres sur l'attention à l'autre, la solidarité, la chaleur des relations, l'accueil, le dialogue et la confiance. Les situations récurrentes des guerres et conflits armés, la révolution culturelle, le pluralisme culturel et religieux posent des nombreux défis qui nécessitent une révision des méthodes pastorales et surtout la perspective de la conversion pastorale et missionnaire encouragée par le Saint-Père, le Pape François.[2]

Nous saluons et encourageons cette publication de l'Abbé Nestor SALUMU prêtre du Diocèse de Kindu.

Cet écrit souligne la nécessité de s'appuyer sur les sources doctrinales et le génie culturel négro-africain dans la perspective de la nouvelle évangélisation en paroisse, véritable plaque tournante de la pastorale dans un diocèse.

Les différents points sur lesquels s'articule la pensée de l'auteur, démontrent bien la pertinence et l'actualité du sujet : y sont relevés successivement les fondamentaux de la pastorale, la compréhension doctrinale de la paroisse, les défis dans les pratiques pastorales ainsi que les perspectives théologiques et pastorales.

Cet écrit invite les pasteurs à l'ouverture sur l'apport d'autres compétences et disciplines pour entreprendre une pastorale d'ensemble dans le gouvernement et l'administration pastorale d'une paroisse, une pastorale articulée autour d'un

---

[1]Cf. CENCO, *La nouvelle Evangélisation et Catéchèse dans la perspective de l'église famille de Dieu en Afrique*. Kinshasa Secrétariat 2000. N°2,P.9.

[2]Cf. FRANÇOIS, *Exhortation Apostolique « EvangeliiGaudium »* sur La Joie de l'Evangile Liberia, Editrice Vaticana, Roma, 2013, N°25.

plan pastoral stratégique et opérationnel.

Je recommande vivement aux curés et vicaires paroissiaux de tirer profit des exhortations contenues dans cet ouvrage.

Fait à Kisangani le 02 Juillet 2021

Monseigneur Marcel UTEMBI

Président de la CENCO et **Archevêque Métropolitain** de Kisangani.

AVANT PROPOS

L'orientation prise par le Synode des évêques tenu à Rome en 1994 a focalisé l'attention sur l'Eglise famille de Dieu en Afrique. La famille dans la tradition africaine est segment fondateur de toute société et l'enracinement de toute organisation et le repère de toute vie.

L'Episcopat du Congo a pris pour sa part l'option d'édifier l'Eglise dans la dynamique et la perspective de l'Eglise famille de Dieu. La famille souligne en son sein les vertus de fraternités, l'unité, la collaboration, l'attention à l'autre, l'hospitalité, la générosité. La structure ecclésiale ayant la possibilité de favoriser cette fraternité est la paroisse. La paroisse est la plaque tournante de l'administration d'une Eglise particulière conçue à la fois comme coordination et communion des communautés ecclésiales et d'autres structures d'apostolat.

De ce fait, la tâche incombe au responsable de la paroisse de promouvoir la communication et la coresponsabilité. Le monde d'aujourd'hui exige de revoir parfois le schéma classique par un souci continuel de conversion pastorale et missionnaire. Cette perspective est possible par une pastorale d'ensemble conçue, planifiée et concrétisée par toutes les parties prenantes.

C'est dans cette dynamique que nous offrons cet écrit. Nous voulons susciter une Eglise paroissiale bâtie sur ce paradigme de notre identité culturelle, qui est la famille, Jamaa ou Ujamaa.

INTRODUCTION

L'Eglise est l'œuvre de Dieu. L'Esprit de Dieu agit pour renouveler l'Eglise. Dans son histoire l'Eglise a connu plusieurs renouveaux d'ordre, pastoral, biblique, social, liturgique dont le concile Vatican II constitue la synthèse et la concrétisation.

La figure de saint Jean XXIII demeure une référence importante. Dans cette perspective du renouveau, le pape Paul VI envisageait déjà l'évangélisation en profondeur par la transformation des cultures et des mentalités. Quelques années après, le pape Jean Paul II lança la dynamique de la nouvelle Evangélisation.

Les évêques africains réunis en synode, prirent le paradigme famille comme idée-force pour la nouvelle évangélisation en Afrique. Cette option fut aussi réappropriée par l'épiscopat congolais soucieux de donner une forme concrète à la nouvelle Evangélisation. C'est la nouvelle Evangélisation et la catéchèse dans la perspective de l'Eglise famille de Dieu en Afrique pour une mise en œuvre de la nouvelle Evangélisation par le souci de tous d'entrer dans la nouvelle vision de l'Eglise famille de Dieu[3]. Les évêques l'affirment de façon claire en ces termes : «la nouvelle Evangélisation aura atteint son but quand nous aurons réussi l'Evangélisation en profondeur, en occurrence quand nous aurons réussi à construire une Eglise famille de Dieu dans notre pays »[4].

La paroisse étant la première réalisation de l'Eglise, est l'institution première concernée par le sens de famille dans la dynamique de la nouvelle Evangélisation, d'autant plus que le besoin est toujours imminent de savoir comment concilier la foi chrétienne et l'Anthropologie culturelle en Afrique. L'image de la famille met l'accent sur l'attention à l'autre, la solidarité, la chaleur

---

[3] cf. CENCO, *La nouvelle évangélisation et catéchèse dans la perspective de l'Eglise famille de Dieu en Afrique*, Kinshasa, Secrétariat, 2000, n°8

[4] Ibidem, n°102.

des relations, l'accueil, le dialogue et la confiance[5]. Le défi de méthodes pastorales appropriées et actualisées reflète parfois la crise identitaire dans notre ministère, quand notre apostolat ne s'appuie pas sur des objectifs fixes, enracinés sur des bases doctrinales. François Marie Paul LIBERMAN disait : « quand nous perdons notre identité, nous perdons aussi l'efficacité apostolique et charismatique ».

Notre travail dans ce texte consiste à promouvoir le sens de l'Eglise famille dans la pastorale au niveau de la paroisse.

Nous subdivisons en quatre points :

1. Les fondamentaux de la pastorale,
2. La compréhension doctrinale de la paroisse,
3. Les défis dans les pratiques pastorales,
4. Perspectives théologiques et pastorales.

Pour la réalisation de ce travail, nous nous sommes inspirés des sources doctrinales du Magistère de l'Eglise, des Ecrits des théologiens et de notre publication[6].

---

[5] JEAN PAUL II, *Ecclesia in African, Eglise famille de Dieu en Afrique*, Kinshasa, Médiaspaul, 1995, n°63.

[6] Abbé Nestor SALUMU Ndalibandu et Abbé Innocent MUKAMBILWA Babingwa, *Pour concevoir et conduire un projet pastoral dans l'Eglise Famille de Dieu*, Kigali, Pallotti-Presse, 2018

I. LES FONDAMENTAUX DE LA PASTORALE

I. 1. LA PASTORALE QUID ?

Retenons que la compréhension de ce concept et surtout celle de la réalité à laquelle ce concept renvoie ne sont pas toujours perçues de la même façon. Il s'agit de l'expression « faire de la pastorale ou de la pastorale ». Le concept « pastorale » fut utilisé pour la première fois en 1591 par le Père Brinsfeld pour signifier « la doctrine nécessaire aux prêtres qui ont charge d'âmes ». Dans le monde ancien, pour parler de la pastorale, était utilisée l'expression « soin des âmes » (*cura animarum*) qui a donné le mot curé[7]. Depuis le 19ème siècle, la pastorale est devenue une science théologique autonome coupée de la dogmatique avec pour signification théorie critique ou réflexions théologiques sur les pratiques ecclésiales dans la société ; partir de l'agir de l'Eglise pour arriver à un agir renouvelé.

La pastorale est à la fois une vie et une pratique qui répond aux multiples appels de Jésus lui-même Bon Pasteur (Jn 10) par ses paroles et ses actes d'enseignement, de sanctifications, de guérison, d'attention particulière aux diverses couches des populations. Toute pastorale suppose d'abord une expérience de foi, un témoignage de vie de foi, un exercice spirituel dont l'agir du Christ est l'épicentre, le noyau, le segment fondateur et la référence capitale.

La pastorale est définie par Karl Rahner comme l'agir de l'Eglise en un lieu. Elle est aussi un système complexe d'actions et d'interaction orienté vers une fin : gloire de Dieu et salut des âmes. La pastorale comporte des relations de coordination et de subordination réglées par des dispositions bien définies dans un contexte institutionnel, socio-culturel qui l'influence et lui donne signification et est influencé par lui.

Une action est déclarée pastorale quand elle a sa source dans l'Eglise, c'est-à-dire elle provient de la collation d'un office au sens de fonction stable pour

[7] Le nouveau Theo Encyclopédie catholique pour tous, Mame, Paris, 2009, p. 653.

l'édification de l'Eglise et la transformation de la société avec des tâches bien définies.

Ceci se comprend encore mieux dans les notions de l'église et de l'évangélisation. Tout agent pastoral se définit et s'identifie grâce à sa pastorale.

I. 2. L'EVANGELISATION

- L'ensemble des actions que l'Eglise met en œuvre pour annoncer le salut de Dieu en Jésus-Christ comme Bonne Nouvelle et pour l'actualiser en vue d'une transformation des personnes et des communautés.
- L'effort d'expliquer les vérités doctrinales dans les formules valables pour tout homme de toute culture, toucher la question de l'homme, la dimension totale de l'homme, exploiter les catégories logico-rationnelles du milieu. L'évangélisation comprend une triple dimension :

a. **Enseignement :**

- Explication des vérités de la foi : ce qu'il faut croire
- Prédication
- Garantir l'intégrité et l'unité de la foi enseignée.

b. **Sanctification :**

- rôle de dispensateurs des mystères de Dieu par les sacrements et sacramentaux
- les mouvements de dévotion
- la vie liturgique en général

c. **Gouvernement :**

- organisation
- administration
- rôle de prendre des décisions exécutoires
- gestion des ressources

En effet, les trois charges qui constituent l'évangélisation sont intimement connexes. Elles s'expliquent réciproquement et réciproquement s'éclairent.

L'évangélisation est la tâche primordiale de l'Eglise. Evangéliser est la grâce et la vocation de l'Eglise, son identité la plus profonde : « nous voulons confirmer une fois de plus que la tâche d'évangéliser tous les hommes constitue la mission essentielle de l'Eglise, mission que les mutations vastes et profondes de la société actuelle ne rendent que plus urgentes ».[8]

I. 3. L'EGLISE

- Bercail dont le Christ est l'entrée unique et nécessaire, troupeau dont le Christ est le pasteur (Is 10, 11).
- Construction et maison de Dieu
- Sacrement, c'est-à-dire signe et moyen de l'union intime avec Dieu et de l'unité de tout le genre humain[9].
- La voie ordinaire et autorisée du salut. Mais Dieu n'est pas prisonnier des moyens, médiations qu'il a établies.
- La famille (compassion, affection mutuelle, commisération, respect)
- Une institution d'évangélisation, on ne peut parler de l'Eglise sans parler de l'évangélisation.
- Cet espace offert par le Christ dans l'histoire afin que nous puissions le rencontrer, parce qu'il lui a confié sa parole, les sacrements, et surtout l'expérience de la communion, la fraternité, la charité entre les membres. L'Eglise désigne l'assemblée qui célèbre sa liturgie, la communauté locale ou toute la communauté universelle des croyants, mais aussi les lieux de rassemblement des chrétiens.[10]

Pour réaliser valablement sa mission d'évangélisation qui est la pastorale, l'Eglise doit recourir à des sources doctrinales :

- Ecritures Saintes

[8] Pape Paul VI, Exhortation Apostolique *Evangélii nuntiandi* sur l'Evangélisation dans le monde moderne à l'Episcopat, au clergé et aux fidèles de toute l'Eglise, 8 décembre 1975, N°14

[9] Cf. Lumen Gentium N°1 et 17

[10] C.N.A.S, La maison du peuple de Dieu. Liturgie et architecture, Paris, Cerf, 1971, p.13

- **Tradition :** Ecritures saintes, écrits de Pères, la vie liturgique, Catéchisme, Documents conciliaires, Code de droit canonique, Doctrine sociale de l'Eglise.
- **Magistère :** autorité enseignante de l'Eglise du pape et des évêques. Sans théorie doctrinale, les pratiques pastorales sont aveugles. Elles risquent de s'enliser dans la justification de l'immédiat, la routine ; sans pratique pastorale, le pasteur risque de s'enfermer dans une répétition des sources doctrinales.

I. 4. PEDAGOGIE PASTORALE DE JESUS

I.4.1. Jésus, source et modèle de pastorale

Le Christ médiateur entre Dieu et les hommes, exerce la plénitude du sacerdoce par son sacrifice et par sa parole. Mais à l'intérieur même de cette médiation, le Christ s'est associé l'humanité. Tous les membres de son corps participent dès lors à son unique sacerdoce. Et, au sein même de ce peuple sacerdotal qu'est l'Eglise, les évêques et leurs coopérateurs les prêtres, participent de manière plus étroite encore au sacerdoce du Christ.
Pour ce faire, les prêtres agissants in *personna christi* doivent s'efforcer de ressembler à leur maître dans son triple rôle d'enseignement, de sanctification et de gouvernement (Phil 2, 5) montrant aux hommes le chemin, la vérité et la vie (Jn 14, 6). C'est à l'intérieur de l'Eglise comme mystère de communion que se révèlent toute l'identité chrétienne et donc aussi l'identité spécifique du prêtre et de son ministère.

L'Eglise catholique a toujours vu dans les évêques et les prêtres des pasteurs en référence à une image que le Christ s'appliquait à lui-même : « je suis le bon berger, le bon berger se dessaisit de sa vie pour ses brebis » (Jn 10, 11). C'est cette même image que le Christ a utilisée pour donner mission à ses apôtres et en particulier à Pierre : « sois le berger de mes brebis » (Jn 21, 16). Jésus demeure donc non seulement la source de notre sacerdoce ministériel, mais aussi et surtout le modèle, le prototype et l'éducateur dans notre ministère. Sa vie et son ministère constituent non seulement un modèle mais aussi une pédagogie dans la vie de tout pasteur dans l'Eglise. La pastorale dérive du ministère du prêtre comme pasteur de l'Eglise.

Au-delà d'une fonction, l'image du pasteur signifie un don total de soi, 24 heures sur 24, tout une vie. Le berger donne sa vie. Cette dimension désigne le critère avec lequel le pasteur doit effectuer tous ses choix de vie, pour le bien de la communauté.

En effet, observant la vie et le ministère de Jésus tels que cela ressort dans les évangiles, le prêtre engagé dans le ministère en qualité de pasteur, devra puiser dans le Christ des pistes, des guides, des orientations comme normes de conduite ou de guide pastoral. Parmi les valeurs et vertus sacerdotales susceptibles d'inspirer le ministère pastoral dans l'Eglise, nous citons :

I.4.2. Les vertus sacerdotales

> Mission enseignante : Mt 5, 1-12

> Sens Ecclésial : Luc 5, 1-11 ; Mc 1, 16-20

> Sanctification : Mt 3, 14-17 ; Mt 9, 2

> Sollicitude pour toutes les couches de la population

- Malades (Mc 3, 1-12)
- Femmes (Luc 8, 1-3)
- Enfants (Mc 10, 13-16).
- Collecteurs d'impôts (Mc 8, 13-14).

Tous ceux qui souffrent de la pauvreté, de la maladie ou d'infirmité, tous ceux qui sont méprisés, enfants, femmes, pécheurs publics, étrangers sont l'objet de sa sollicitude. Il est également à l'aise avec les riches, les puissants et les savants. Les miracles se multiplient sur sa route : guérison d'aveugles, de sourds, de paralytiques, de lépreux, expulsion des démons malfaisants, multiplication de pain et de poissons et même rappel des morts à la vie (Mc 6, 30-44).

Les actes des apôtres rapportent le sentiment de la première communauté chrétienne : *« il est passé partout en bienfaiteurs » (Ac 10, 38).* S'adressant à des foules, son message est une bonne nouvelle (*evaggelion*), un évangile de salut et de bonheur. Les premiers mots de son discours sont bienheureux ! Bienheureux vous qui êtes pauvres, vous qui pleurez. Sa pédagogie est encore frappante lorsqu'il combinait les paroles et les actes, l'enseignement accompagné des actions. Il utilisait un langage adapté à l'entourage, empruntant ainsi les genres littéraires (récits, paraboles, ...). Son ministère était toujours inauguré par un discours mettant un accent particulier sur l'annonce (Luc 4, 16-19).

I.4.3. Les méthodes pastorales dans les trois missions

En instituant la triple mission de l'Eglise, il a accompagné des méthodes et stratégies pastorales appropriées et incompréhensibles parfois pour les auditeurs.

Gouvernement :

- La proximité, le contact physique : (Mt 9, 1-9 ; Lc 19, 1-10).
- Le sens de collaboration, le caractère social de gouvernement (Mt 16, 13-20 ; Lc 6, 12-16).
- L'amour des ennemis : (Lc 6, 27-38).
- La sollicitude (Lc 6, 17-19).
- Simplicité et humilité (Mc 9, 33-37 ; Mt 20, 2428).
- Compassion (Mt 9, 35-38).

Enseignement :

- Actualisation : (Mt 19, 1-30 ; Lc 12, 1-11).
- Paraboles : (Mc 4, 1-33).
- Exhortation : (Lc 17, 3 ; Jn 15, 7 ; Mc 10, 23-27).
- Lien paroles aux actes : (Mc 1, 21-28).
- Témoignage : (Lc 24, 13-35).
- Autorité : (Mt 8, 28-34).

Sanctification :

- Signes et symboles (Mt 17, 1-8 ; Lc 7, 11-17 ; 19, 13-15 ; Mc 8, 22-26).

- Paroles performatives : (Lc 7, 11-17)

Nous trouvons ici les exigences des conduites d'un ministre dans le champ d'apostolat. Les fidèles et les hommes de bonne volonté veulent voir ce Jésus dans leurs prêtres en paroisses.

I.4.4. Le travail en équipe-collaboration apostolique

Le ministère pastoral trouve son fondement dans le travail en équipe à partir des structures fraternelles, communionelles et familiales de l'Eglise. Cette disposition a été tracée par le Christ lui-même par l'envoi des apôtres (Mt 10, 1-15. Mc 3, 16-19 ; Lc 6, 14-16). A la suite de ces douze ont été intégrés Barnabé, Paul, Timothée, Tite en prolongement du ministère des apôtres pour l'édification de l'Eglise (Rm 16, 21 ; 1Th 3, 1 ; Tt 3, 13).

Le travail de l'Eglise exige la participation de tout le monde. Les contributions des uns et des autres participent à l'édification de l'Eglise. Les différents conseils recommandés dans l'Eglise au niveau diocésain, paroissial et communautaire permettent de définir et d'orienter la pastorale, d'évaluer la pastorale et de faire des propositions. Il est recommandé à tout responsable de recueillir l'avis du conseil en passant par un débat avant de prendre une décision. Il est aussi vivement recommandé d'associer les laïcs dans les décisions qui engagent la vitalité de l'Eglise. Le conseil pastoral a pour mission selon le code de droit canonique d'étudier et d'évaluer l'action pastorale, les laïcs y participent. De même dans le conseil économique les laïcs y participent. Pour ce faire, Georges Décourt recommande que la conduite de l'action pastorale d'aujourd'hui semble exiger des prêtres mais aussi des laïcs associés à la charge pastorale, des qualités différentes de celles que l'on attendait du pasteur d'hier[11]

La collaboration devient présentement une exigence. Il poursuit en disant que des laïcs choisis en raison de leur expérience professionnelle sont amenés à conseiller l'Evêque et les prêtres d'un point de vue technique sur les finances, la

---

[11] Georges Decourt, *Conduire une action pastorale, Théologie pratique*, Cerf, Labor, Paris, Lumen Vitae, 1977, p. 10.

gestion du bâtiment, le droit social[12]. Cette vision nous pousse à promouvoir une pastorale d'ensemble telle qu'encouragée par le Cardinal Malula.

I.4.5. La pastorale d'ensemble

Elle est une pastorale où tous agissent selon un même ensemble de quelques grandes options pastorales, un projet global commun que le Diocèse et la Paroisse se donnent. Une pastorale qui est portée et appliquée solidairement par le groupe uni du presbyterium, des religieux et religieuses, des laïcs et des tous les chrétiens engagés. Une pastorale qui veut porter toute la bonne nouvelle du salut en Jésus-Christ à tous les hommes et tout être[13].
C'est une pastorale qui favorise la collaboration, l'entente, la concertation et l'unité dans la prise et la mise en application des orientations pastorales fixées ensemble. Cette perspective est souvent vécue dans les différents secteurs pastoraux : Diocèse, Doyenné, Paroisse, secteur, communauté. Dans les conseils pastoraux sont débattus des problèmes liés au culte, à la catéchèse, développement. Les lettres pastorales sont un autre instrument de la pastorale d'ensemble. Sans la pastorale d'ensemble, les actions à mener risquent d'avancer en ordre dispersé. Le cardinal Malula soutient le besoin de concertation en ces termes *: « Aussi bien dans l'Eglise que sur le plan politique, l'expérience a montré ceci : quand les populations sont contraintes à des prestations pour les lesquelles elles ne sont pas motivées, elles résistent au moyen d'une inertie progressive, qui finit par paralyser toute innovation, sans qu'il y ait eu de discussion ni d'opposition ouverte... Il est donc inutile et dangereux d'alourdir les structures communautaires des gens non motivés, qui freinent de tout leur poids la dynamique ecclésiale engagée »*[14].

---

[12] *Ibidem*, p. 13.
[13] Cardinal MALULA Cité dans Centre des Archives Abbé Stephan KAOZE, Œuvres complètes du Cardinal MALULA, Vol 4, Kinshasa, F.C.K, 1997, p. 121-183.
[14] Cf. *Ibid.* p. 121

II. COMPREHENSION DOCTRINALE DE LA PAROISSE

II.1. Nature

Le mot paroisse est d'origine grecque dont la racine veut dire vivre en voisin, vivre en étranger, entourés de voisinage, réunion d'habitation, étranger de passage. C'est le lieu de rassemblement, qui comporte donc une connotation de séjour provisoire pour le peuple de Dieu en marche vers la Jérusalem nouvelle. C'est ce sens qui a été souligné lorsque ce terme tiré du milieu, était appliqué à la structure ecclésiale.

Retenons aussi que la paroisse est une structure antique dans l'église. En 95, la lettre du Pape Clément aux chrétiens de Corinthe commence aussi : l'Eglise de Dieu qui tient à Rome à l'Eglise de Dieu qui tient paroisse à Corinthe. Eusèbe de Césarée affirme même dans son histoire ecclésiastique que Saint Marc établit à Alexandrie des Eglises, dans lesquelles on voit l'origine de la paroisse. La paroisse est passée par des étapes de rénovation, de réforme et de renouveaux tout au long de l'histoire. C'était toujours en découpage d'une Eglise diocésaine.

Il convient de noter que c'est au concile de trente qu'on impose aux évêques l'obligation de diviser systématiquement leurs diocèses en paroisses. La paroisse est canoniquement confiée par l'évêque à un prêtre appelé curé assisté d'un ou des plusieurs autres prêtres nommés vicaires. Exceptionnellement un évêque peut à cause du manque des prêtres, confier des paroisses à une équipe des laïcs, avec l'accompagnement d'un prêtre modérateur de la charge pastorale mais qui ne réside pas sur le territoire paroissial. L'équipe des laïcs participe aussi à l'exercice de la charge pastorale de la paroisse. Cette pratique d'une paroisse confiée aux laïcs avec l'accompagnement d'un prêtre comporte des difficultés dans l'administration.

II.2. La paroisse selon le concile Vatican II

Pour saisir la compréhension qu'a le concile, nous avons quatre textes témoins :[15]. Il y est fait une description théologique qui comprend la paroisse à partir de la conscience que l'Eglise a d'elle-même, c'est-à dire à la lumière de la révélation. Dans la liturgie au niveau paroissial, le pasteur tient la place de l'Evêque.

Pour peu que l'on puisse dire, ces textes indiquent une réalité sociale, localisable et observable : congrégatio, communitas, coetus, portio, cellula, familia ; même le terme communitas ne connote pas nécessairement les relations mystérieuses qui nouent les membres de la paroisse entre eux.

Lorsque cette réalité est mise en relation avec l'Eglise, ces termes désignent la réalité spirituelle que le Christ opère par sa présence sacramentelle et apostolique dans la communauté locale. La paroisse est donc décrite par la foi et la théologie comme une réalité sociale, observable en un lieu, avec ses membres, ses rôles, ses activités, ses relations internes et externes, mais également comme méditation (repraesentare, p. ex.) de l'Eglise œuvre du Christ.

La description que nous avons en présence est analogue à celle que Vatican II propose de l'Eglise locale. Et pour ce faire, l'analogie comporte une différence : la communauté diocésaine est qualifiée d'Eglise ; en elle réside l'Eglise. La méditation est plus étroite ou plus complète.

Néanmoins la paroisse se comprend théologiquement comme réalisant partiellement et en dépendance ce que réalise l'Eglise diocésaine, d'où l'insistance particulière dans divers textes sur l'insertion de l'action paroissiale dans l'œuvre du diocèse, l'insertion des prêtres dans le presbytérium et le lien avec l'Evêque. La paroisse demeure encore de nos jours ''la cristallisation locale

[15]Lumen Gentium sur L ' Eglise 28, Presbiterorum Ordinis sur La vie et le ministère des Prêtres 5, 6,8. *Apostolicam Actuositatem sur l'Apostolat des laïcs10, sacrosanctum concilium sur la liturgie* 42.

de la vie diocésaine, l'expression incarnée dans un lieu et par une communauté croyante et confessant du mystère plénier de l'Eglise". Pour tout dire, elle est le lieu où est mise en œuvre de manière concrète la pastorale de l'Eglise dans un endroit localisable. On dit même du curé qu'il agit « in personna episcopi » qui agit « in personna christi ».

De ce qui précède, il convient de noter deux vérités majeures dans la perception de la réalité paroisse au concile Vatican II :

1° la paroisse est saisie à la fois comme réalité visible et localisable et comme réalité spirituelle dont la profondeur et la dimension ne sont perceptibles que pour la foi ; mais il ‘agit d'une réalité invisible, comme l'est l'Eglise.

2° l'ecclésialité de la paroisse se conçoit analogiquement à celle de l'Eglise présidée par l'évêque ; celle-ci est l'analogue principal.

La réflexion sur la paroisse ne s'est pas estompée avec le concile Vatican II. Comment cette réalité de l'Eglise est perçue dans la période postconciliaire ?

II.3. La paroisse selon le code de droit canonique

Contrairement au code de 1917, celui de 1983 accorde à cette structure ecclésiale une attention particulière. Sa conception de la paroisse trouve son fondement dans la doctrine élaborée sur l'Eglise par le deuxième concile du Vatican. Hormis le fait que la paroisse se perçoit comme une division obligatoire d'un diocèse, elle trouve dans le code de 1983 une définition précise.

En effet, ce code la définit ainsi :" la paroisse est la communauté précise de fidèles qui est constituée d'une manière stable dans l'Eglise particulière, dont la charge pastorale est confiée à un curé, comme à son pasteur propre, sous l'autorité de l'évêque diocésain" (canon 515&1). Il se dégage nettement par cette approche que l'accent est mis sur la dimension communautaire. Car elle est une communauté précise de fidèles ; la communauté sous-entend communion entre les membres puisqu'il est question dans ce cas des fidèles du christ.

Par conséquent, d'un point de vue canonique, la paroisse est bien" perçue comme une instance primordiale de communion ecclésiale. Par sa proximité immédiate, elle constitue, mieux que le diocèse, mieux que l'Eglise qui siège à Rome, le tout premier point de contact des fidèles avec l'universalité de l'Eglise : le « lieu » où, de la plus naturelle façon, ils peuvent se réunir dans l'unité, « sentir » qu'ils ne font qu'un dans le christ Jésus".

La paroisse ne saurait être perçue que comme une communauté ; " en règle générale, la paroisse sera territoriale, c'est-à-dire qu'elle comprendra tous les fidèles du territoire donné ; mais là où c'est utile, seront constituées des paroisses personnelles, déterminées par le rite, la langue, la nationalité de fidèles d'un territoire, et encore pour tout autre motif" (canon 518).

Dans la conception du code de droit canonique, la paroisse est une communauté stable de fidèles qui est aussi territoriale. De cette manière, sa charge pastorale est de manière ordinaire confiée à un curé. Celui-ci assure sa tâche en communion avec l'évêque qui a le droit d'ériger une paroisse.

Le curé est le pasteur de la paroisse. Il exerce, sous l'autorité de l'évêque diocésain, la charge de la communauté qui lui est confiée, afin d'accomplir pour cette communauté les fonctions d'enseigner, de sanctifier et de gouverner avec la collaboration d'autres prêtres, des diacres et avec la collaboration apportée par des laïcs. (519). La charge qui lui est confiée l'oblige d'être visionnaire, guide comme leader et manager inventif. Pour ce faire, l'évangélisation demeure le moyen par lequel il est possible à l'Eglise d'acquérir de nouveaux membres. Dans une telle démarche, la motivation se fonde sur ce désir de Jésus : *j'ai encore d'autres brebis qui ne sont pas de cet enclos ; celles-là aussi, il faut que je les mène ; elles écouteront ma voix ; il y aura un seul pasteur" (Jn10, 16)*. Il ne faut pas perdre de vue cette recommandation du concile Vatican II au curé :

le soin des âmes doit toujours être pénétré d'esprit missionnaire en sorte de s'étendre d'une façon adaptée, à tous ceux qui habitent la paroisse"[16].

II.4. implication théologique

La paroisse est la première réalisation de l'Eglise, l'unité de base de l'Eglise. En elle la paroisse se réalise une triple mission pour les hommes : la sanctification, l'enseignement et le gouvernement. C'est cette mission que l'Eglise a reçue du seigneur. C'est au niveau de la paroisse que les hommes découvrent ce qui est l'Eglise du christ, notamment à l'occasion d'un deuil, d'un baptême, d'un mariage...

Le chrétien reste intimement lié à sa paroisse. Il faudra soutenir et encourager ce lien en rendant cette structure aimable. Au contact avec la paroisse, les chrétiens doivent savoir que tout en ayant une dimension universelle, la communion ecclésiale trouve son expression la plus immédiate et la plus visible dans la paroisse. Celle-ci est le dernier degré de la localisation de l'Eglise ; c'est en un certain sens, l'Eglise elle-même qui vit au milieu des maisons de ses fils et de ses filles"[17]. Il est juste d'attester que dans la paroisse est agissant et présent le mystère même de l'Eglise. Le peuple que la paroisse rassemble est peuple de Dieu. C'est convoqué par Dieu qu'il se réunit à la paroisse. Il a plu à Dieu d'appeler les hommes à participer à sa vie non seulement de façon individuelle sans lien des uns avec les autres, mais de les constituer en un peuple dans lequel ses enfants qui étaient dispersés seraient rassemblés dans l'unité (Jn11, 52)[18]

En outre, elle est une communauté composée des fidèles du christ. Alors pour raviver la vie de ces fidèles, elle est une communauté qui célèbre l'eucharistie. Cette capacité fonde sa réalité théologique. Aussi, est-il convenable de reconnaitre que la paroisse est une communauté organique. C'est-à-dire

[16] Christus Dominus, sur la charge pastorale des Evêques, 30.
[17] Jean Paul II, Exhortation apostolique post-synodale *Christifideles laici*, 30 Décembre 1988, n°26
[18] Ad Gentes, sur l'activité missionnaire de l'Eglise, Lumen Gentium 9.

constitués par les ministres ordonnés et par les autres chrétiens, sous la responsabilité d'un curé qui, représentant l'évêque du diocèse, est le lien hiérarchique avec toute l'Eglise particulière.

C'est au niveau de la paroisse que s'accomplit l'ambition de l'ensemble de peuple de Dieu, des taches des ministres et de la vocation des laïcs. La prédication, l'évangélisation, la catéchèse, et le témoignage ; la sanctification, la liturgie ; l'animation, ou la direction de la communauté *(...)* toutes ces fonctions font indivisiblement partie de l'unique mission de l'Eglise· Ainsi revient-il à la paroisse de rendre possible la réalisation de manière cohérente ses diverses activités afin d'assurer l'unité et la continuité de la vie spirituelle de tous les membres de la communauté, de même que la réalité de la catholicité de l'Eglise qui constitue "la capacité d'unir des personnes, par delà leur diversité, dans un vrai échange spirituel"[19] C'est pourquoi en accueillant tous les hommes, la paroisse peut devenir le lieu où volent en éclat les frontières liées à la différence des origines culturelles.

Pourtant la paroisse est appelée à réaliser cette unité sans diluer les différences qui sont une grande richesse. Bien gérée cette unité permettra l'éclosion et le déploiement des charismes pour l'édification et le bien de toute la communauté. Comme Eglise, elle est aussi une communauté en marche vers la plénitude du salut, l'accueil devrait être une de ses qualités majeures.

II.5. Administration paroissiale

A la question de l'administration d'une entité ecclésiale dénommée paroisse, il s'observe plusieurs manquements. Tout commence par la prise canonique appelée installation suivie de la remise et reprise, des clés de l'Eglise et du presbytère ainsi que la prise de connaissance des éléments administratifs importants.

---

[19] Cfr. Christus Dominus sur la Charge des Evêques 30.

II.5.1. Les organes de gouvernement

L'administration d'une paroisse comprend le fonctionnement ordinaire des organes de gouvernement ci- après : Curé, Equipe sacerdotale, Equipe apostolique (les prêtres, les religieux et religieuses), Conseil paroissial élargi (Equipe apostolique et les laïcs).

II.5.2. Les actes paroissiaux

Les documents de la remise et reprise

Les rapports des réunions paroissiales

Les décisions paroissiales

Les directives du curé

Les cahiers des événements et activités paroissiales

Les carnets des communiqués

Des chemises consacrées aux documents de titres fonciers et aux factures

II.5.3. Les registres paroissiaux et documents

- Les registres devant se trouver dans le bureau paroissial sous l'œil vigilant du curé et des vicaires : le Registre de baptême, de première communion, de confirmation, de mariage, des défunts...
- Le document des comptes rendus des réunions du conseil paroissial
- Le document des annonces de la paroisse
- Les livres des caisses des entrées et sorties de toutes les finances de la paroisse
- Un document des entrées en nature
- Un document inventoriant les unités de production et des services d'autofinancement.

- Des documents inventoriant tous les secteurs pastoraux : liturgie, catéchèse, communauté de base, mouvements d'action catholique, groupes de réflexion et d'animation spirituelle, jeunesse, les écoles, vocation, visite de succursales. chaque secteur devrait avoir des fardes et un endroit où ces documents sont bien conservés.
- Un Diaire et éventuellement un coffre-fort[20].

II.5.4. Le conseil paroissial

Sur le plan organisationnel, la paroisse fonctionne en fait avec une structure de coordination par la participation des laïcs appelée le conseil paroissial. Ce conseil est en premier lieu un organe de réflexion qui cherche comment en pratique, de manière adaptée aux réalités du milieu, la mission d'évangélisation que le christ a confiée à son Eglise et comment réaliser de manière concrète les directives et les orientations pastorales préconisées par l'autorité diocésaine[21].

Ce conseil, est un groupe d'experts avec qui le curé collabore pour assurer la charge du gouvernement. Ceci exige un ensemble de critères guidant leur désignation. Ce conseil est composé du curé comme premier responsable, des vicaires paroissiaux, les responsables des communautés religieuses, les responsables de CEVB, des commissions et les responsables paroissiaux des mouvements d'Action catholique (MAC) des groupes de réflexion et d'animation spirituelle (GRAS). Les commissions sont créées selon les besoins ressentis : catéchèse, liturgie, Caritas développement ; justice et paix, conseil de gestion, famille, jeunesse, mamans, ...

Il importe que toutes ces structures d'apostolat bénéficient de l'accompagnement spirituel, doctrinal et moral des prêtres appelés communément Aumôniers. L'Aumônerie dans ce cas est un ministre de

---

[20] A. MATENKADI Finini., *Guide Administratif à l'usage des ordinaires*, éd. Le Sénevé, Kinshasa 2002, p.47

[21] *Gouvernement pastoral de l'Archidiocèse de Kinshasa* 56-57.

présence, de permanence par la formation doctrinale et morale. La présence des aumôniers à certaines rencontres des membres est très encourageable.

II.6. Secteurs pastoraux

II.6.1. Les communautés de base

Devant les défis pastoraux de la deuxième évangélisation dans notre pays, distance entre fidèles et Eglise paroissiale causant parfois l'anonymat de fidèles, les évêques optèrent pour la création des communautés Ecclésiales de base : « Pour nous évêques africains, l'Eglise sera réellement locale le jour où la structure de base sera la petite communauté, là où prennent place la vie et le travail de chaque jour, où les membres peuvent faire l'expérience de véritables relations interpersonnelles et éprouver un sentiment de commune appartenance » disait Mgr KALILOMBE.

Pour sa part, le cardinal MALULA exprimait le besoin de « bombarder les paroisses existantes pour faire éclater en petites communautés à taille humaine ». Il précisera sa pensée en ces termes *:"quand j'ai parlé de bombarder les paroisses », j'ai voulu la décentralisation de l'action évangélisatrice, pour la transférer dans les quartiers ; pour que les chrétiens vivent une vie chrétienne dans une communauté de foi, d'espérance et de charité*[22]. La communauté de base se définit d'abord comme une communauté de foi, de vie et d'apostolat des laïcs. Une communauté dans laquelle tous les chrétiens se sentent un seul corps et une seule âme. Les activités s'articulent autour de la prière, l'écoute et la méditation de la parole de Dieu, l'engagement dans différents ministères de la communauté, l'entraide, la solidarité et le partage entre les membres. Les fidèles assurent différents ministères leur permettant l'édification de l'Eglise au ras du sol africain, très attentive aux valeurs culturelles négro-africaines comme la solidarité, le sens communautaire, la culture du dialogue, la palabre, etc. sous l'accompagnement de l'équipe sacerdotale.

[22] L. De SAINT MOULIN, *OCCM, Directives diocésaines*. Vol 4, Kinshasa, F.C.K, 1997, p.40.

En effet, pour la réussite de la pastorale des communautés de base, la place des prêtres est indispensable. Il leur revient d'assurer la formation et l'animation des communautés et ses ministres par des sessions de formation et des visites pastorales. Cette pastorale des communautés de base a l'avantage de permettre aux laïcs de connaitre leur vocation pour l'édification de l'Eglise d'autant plus que les communautés de base constituent les instances de décision et de fondement épistémologique de la vie de l'Eglise paroissiale. Les évêques d'Afrique et de Madagascar réunis au Synode à Rome en 1974 optèrent que les laïcs provenant des communautés participent activement à la prise des décisions en matière pastorale au niveau paroissial : « toute action pour construire nos Eglise doit s'opérer en constante référence à la vie de nos communautés ». Cette préoccupation est vécue dans nos paroisses à partir de l'organe du conseil paroissial. Le besoin est ressenti de la communion de toutes les communautés autour de la paroisse.

II.6.2. La pastorale des mouvements d'action catholique et groupe de réflexion et d'animation spirituelle

L'animation régulière des communautés doit être soutenue par une catéchèse appropriée, les célébrations eucharistiques, la redynamisation des membres se trouvant dans les commissions et différents mouvements d'apostolat. Une attention devra être portée pour éclairer le rapport de collaboration entre mouvements et communautés de base.

Nous entendons par Mouvement d'apostolat les différents mouvements d'action catholique et groupes de réflexion et d'animation spirituelle (MAC et GRAS). Le but immédiat de ces organisations est l'apostolat de l'Eglise dans l'ordre de l'évangélisation, de la sanctification des hommes et de la formation chrétienne de leur conscience, afin, qu'ils soient en mesure de pénétrer de l'esprit de l'Evangile les diverses communautés et divers milieux[23]. Les laïcs sont appelés à collaborer avec la hiérarchie en apportant leur expérience et leur responsabilité dans la direction des organisations, la recherche des conditions ainsi que l'élaboration et la poursuite de leur programme d'action. L'apostolat des laïcs doit être inséré à sa vraie place dans l'apostolat de toute l'Eglise.

L'objectif de ces mouvements est le témoignage individuel ou collectif des chrétiens laïcs en union avec la hiérarchie, à la bonne nouvelle de Jésus-Christ, aux vertus chrétiennes. Ne perdons pas de vue que l'apostolat des laïcs à tous les niveaux est une exigence pour ces derniers de mettre à profit les charismes dont ils ont été bénéficiaires de par leur baptême, reconnus et mis en exergue dans le renouveau conciliaire. Il nous faudra donc animer, former les laïcs au sens de responsabilité dans l'Eglise pour qu'ils ne tombent pas dans les tentations de piège de culte de pouvoir, de revendications des privilèges, de remise en question de l'ordre établi ni de contestation de l'enseignement officiel de l'Eglise[24].

II.6.3. La pastorale de catéchèse

La catéchèse étant un secteur vital dans l'Eglise paroissial doit demeurer une priorité de l'équipe sacerdotale. Elle est souvent abandonnée entre les mains des catéchistes et sans recyclage. La conséquence est manifeste dans la vie des fidèles : fuite massive dans les sectes, le syncrétisme religieux, le fétichisme, l'éclectisme. Les pasteurs d'âmes devraient s'investir davantage dans la catéchèse d'initiation chrétienne, la catéchèse scolaire, la catéchèse familiale et celle de persévérance selon les différentes catégories des personnes.

L'exploitation positive des moyens de communication sociale est une meilleure voie pour la réussite non seulement de la catéchèse mais de toute

[23] Apostolicam actuositatem, *Apostolat des laïcs*, 20

[24] Cf. CENCO, *Directoire sur la nouvelle Evangélisation et la catéchèse dans l'Eglise famille de Dieu*, Kinshasa, Saint Paul 2001 n°69, p.28.

l'évangélisation en général. Cette dimension de la catéchèse doit s'élargir aussi au domaine liturgique pour que les fidèles participent activement et intelligemment aux rites.

II.6.4. La pastorale de liturgie

La pastorale de la liturgie est l'un des structures clés de la vie pastorale et de la vitalité d'une communauté paroissiale. Les secteurs liturgiques doivent être constitués en sous commissions (musique et art sacrés, lectorat, acolytat, gardiens de paix, ministres extraordinaires de communion.

L'équipe sacerdotale d'une paroisse doit s'engager davantage dans ces secteurs par :

- L'accompagnement spirituel, doctrinal, matériel.
- Le soin approprié à la célébration des sacrements et surtout de l'eucharistie ainsi que la célébration de la parole dans les communautés de base, par le respect scrupuleux des paroles, des gestes et signe...
- L'animation liturgique des communautés par l'explication correcte des rites pour qu'il y ait bonne participation.
- La propreté et la décoration des lieux de culte.
- La formation régulière de tous les acteurs liturgiques de la paroisse.
- Le soin approprié aux objets de culte et surtout les linges.
- Le souci de veiller au respect des normes liturgiques conformément aux orientations du Saint-Siège et du Magistère national et local.

II.6.5. La pastorale des vocations et des jeunes

Le besoin des ministres ne cesse d'accroitre face aux nombreux défis vécus. Raison pour laquelle la pastorale de vocation en particulier et des jeunes en général devra être l'une des priorités pastorales d'une Eglise paroissiale. Les prêtres doivent comprendre l'impérieux devoir de préparer la relève. L'apostolat auprès des jeunes et des aspirants (e) doit se faire au niveau familial, communautaire que paroissial de l'Eglise. Le devoir de cultiver les vocations revient à la communauté chrétienne tout entière, qui s'en acquiert avant tout par une vue pleinement chrétienne. Ce sont principalement les familles et les paroisses qui doivent collaborer à cette tâche[25].

II.6.6. La pastorale des migrants et personnes en déplacement

Cette pastorale est aussi encouragée dans les milieux ecclésiaux tant pour les fidèles paroissiaux éloignés du presbytère que pour les chrétiens ou croyants d'autres paroisses, Diocèses ou confessions religieuses.

II.6.7. La pastorale auprès des autorités politiques, militaires, des notables, des pauvres et personnes vulnérables et pastorale aux armées

Tous les hommes méritent une attention toute particulière des ministres paroissiaux, tant de l'équipe sacerdotale que d'autres agents pastoraux. Toutes les couches méritent bénéficier sans discrimination de la sollicitude pastorale de l'Eglise.

[25] Optatam Totius, *sur la formation des futurs prêtres* n°2.

III. DEFIS DANS LES PRATIQUES PASTORALES

III.1. La considération péjorative et restrictive de la pastorale

En effet, les premiers défis proviennent de la place que nous-mêmes, en tant que ministres, accordons à la pastorale comme base de notre vie et surtout de notre ministère sacerdotal. Nous ressortirons les offenses face à la réalité pastorale et ce qu'on peut en déduire comme faible considération dans le champ d'apostolat.

III.1. 1. Ce qu'on peut dégager de la réalité pastorale elle-même comme champ d'apostolat dans l'Eglise

Dans la vie de l'Eglise et la société en général, le concept pastoral ne jouit pas d'une considération unanime. Ce concept et la réalité qu'il incarne souffrent d'une considération infantilisante et méprisable. On se sert de la pastorale pour couvrir les balivernes, la paresse voire la négligence vis-à-vis de certaines obligations.

Pour Mgr Fulgence Muteba,

« L'évocation du concept de pastorale suffit, en beaucoup de milieux pour susciter ambiguïté, confusion, malentendu, banalité, voire bassesse (...) pour justifier n'importe quelle impertinence, on utilise le mot pastoral. Pour masquer les faiblesses personnelles, on prend le paravent pastoral. A la vérité, le vocable ''pastoral" est victime d'une véritable persécution. On s'en sert pour couvrir les balivernes les plus monstrueuses et les banalités les plus absurdes »[26].

Pour certaines équipes sacerdotales « la pastorale » comme activité fondamentale de l'évangélisation n'est pas une priorité. On voudrait parfois

[26] Mgr Fulgence MUTEBA Mugalu, Eléments pour une pastorale de la libération. Analyse critique à partir du contexte africain, dans *Repenser le salut chrétien dans le contexte africain, Facultés Catholiques de Kinshasa, Kinshasa, 2004, p. 218*

expliquer ses propres courses avec le qualificatif de pastorale. Parfois des obligations ecclésiales et sacerdotales sont sacrifiées au profit des intérêts personnels qualifiés à tort de pastorale.

D'autres, par contre, réduisent la pastorale aux activités classiques de routine dans l'Eglise sans imagination, ni création ou invention de nouvelles initiatives pour l'édification de cette dernière. La pastorale est faite de routine, de monotonie sans toutefois s'interroger sur l'impact dans la vie des fidèles. Toute pastorale visera la capacité de la libération des personnes et des communautés (Cf. Lc 4, 16).

Chez Victor Schwiz, « la pastorale n'est que cette action de l'Eglise directement orientée vers le salut »[27]. Néanmoins, chez certains acteurs, par une connaissance limitée de ce concept, considèrent erroné l'engagement d'un pasteur pour les questions sociales de l'éducation, de la santé, de la paix et du développement, en restant aux activités du culte. La conséquence c'est la paresse qui conduit parfois malheureusement à l'immobilisme. Plusieurs prêtres et agents d'évangélisation vivent alors malheureusement une pastorale de recette, de formalité sans souci de révision de méthode ou recyclage. Ce comportement est aussi la conséquence de la formation reçue où la pastorale n'était pas à juste titre valorisée.

III.1.2. Ce qu'on peut appeler la crise de la réflexion pastorale

Il faut remarquer que dans plusieurs maisons de formation, la pastorale n'est pas très animée à l'instar d'autres domaines. Elle est dispensée comme cours par n'importe quel enseignant qui n'en avait pas non plus reçu une formation spécifique. Il n'y a pas parfois de rigueur pour attribuer ce cours aux enseignants dont le profil serait techniquement valable. Ceci est dû non seulement au mépris de cette discipline, mais aussi et surtout au manque de vision quant à la mission

[27] SCHURR, *Pastorale constructive (chemins de la foi)*, Lyon, Chalet, 1963, p. 39

évangélisatrice. Cette discipline souffre de manque d'intérêt.

Là où il y a encore un certain intérêt dans les facultés, ce domaine semble être destiné aux anciens curés comme un temps de repos après plusieurs années de ministère. D'où la tendance d'un certain mépris envers ceux qui font la théologie pastorale comme étant des étudiants moyens ou faibles. Par ignorance, d'autres encore mal intentionnés pensent qu'en théologie pastorale, on apprend seulement l'usage du lectionnaire et le maniement du missel pour les célébrations eucharistiques. En effet, les conséquences observées sont alors nombreuses dans le champ d'apostolat.

Il est dès lors connu que la visée de cette discipline est de former des futurs pasteurs capables de mener le peuple de Dieu et de réfléchir suffisamment sur les méthodes et les stratégies à mettre en œuvre afin de mener adéquatement son ministère ou son apostolat.

Nous savons par ailleurs que plusieurs finissent les études et sont envoyés dans le champ d'apostolat. Ils évoluent ainsi sans esprit d'initiative. On observe pour cela l'absence de l'esprit d'initiative, plusieurs mènent une pastorale de recette, de spontanéité, d'occasion profitant d'une opportunité sans guide pastoral, sans vision ni planification pastorale. La pastorale est faite en ordre dispersé sans une ligne de conduite claire. Quand on n'a pas été suffisamment formé dans le domaine, on en comprend différemment le bien fondé. Cette considération s'observe même au niveau diocésain.

La théologie pastorale est née de la dogmatique dans le souci d'établir un lien entre les vérités doctrinales et les pratiques du terrain. Les pratiques pastorales sans théorie doctrinale sont aveugles et même impertinentes. Elles s'enlisent dans la justification de l'immédiat. La doctrine même savamment élaborée coupée du réel est vide, l'on s'enferme dans une simple répétition des sources dénudée de sens.

La Théologie pastorale répond aux défis d'application de la théologie dogmatique dans l'expérience quotidienne de l'homme. On trouve alors des ministres brillants à l'école, mais inefficaces sur le terrain.

Il faut finalement souligner que d'autres par manque de souci de se cultiver davantage, restent dans la monotonie de répéter ce qu'ils ont appris sans esprit d'inventivité. Marcel VIAU déplore cette attitude en ces termes :

« *La pastorale subit la coupure entre les chercheurs et les praticiens. Combien de plaintes n'avons-nous pas entendues à propos de la recherche abstraite du théologien et des pratiques monotones et répétitives du pasteur* » ([22]).

Le besoin est donc au rendez-vous pour favoriser ce lien entre la théorie et la pratique.

III.2. Les défis socio-pastoraux du moment

III.2.1. La postmodernité

Nous sommes marqués par la fragmentation et la crise de valeurs fortes dans la culture postmoderne : le subjectivisme dans la religiosité, une acceptation partielle et conditionnée du vécu religieux à travers le filtre de ma propre subjectivité, le règne de l'autonomie de la volonté, le libre choix, le libre arbitre, etc. Le libéralisme dans cette révolution culturelle a pour conséquence la déconstruction de la morale chrétienne, dépassement de certains absolutismes et dogmatismes. A côté de la révolution culturelle, nous avons la crise morale causée et favorisée par les produits de la techno-science dans le domaine biomédical qui touche au problème de la vie comme valeur sacrée de l'homme[28].

III.2.2. La sécularisation et la culture de notre temps

La société actuelle est marquée par le pluralisme et la complexité. Certains

---

[28] Cfr. E. Alberich, *Inculturer et Indigéniser le christianisme*, dans *Précis de théologie pratique*,Novalis, lumen vitae, Bruxelles, 2004, p. 457.

estiment que l'on peut se passer de la foi sans problèmes étant donné que la solution aux problèmes concrets de la vie est à chercher ailleurs. La foi chrétienne apparaît comme un produit parmi tant d'autres en concurrence avec plusieurs autres propositions alternatives. Les recherches matérielles et financières préoccupent plus les personnes que la dimension religieuse et conditionnent.

III.2.3. La crise de crédibilité de la religion officielle

Certains systèmes et les institutions sont en crise. Les messages permanents sont peu crédibles, discrédités par la crise de modèle et de référence. Certains affirment que même si le produit offert est en soi bon, l'usine ou la société qui le gère ne l'est pas. Ceci produit une religiosité sauvage non liée aux institutions, aux Eglises officielles. Plusieurs vivent la foi chrétienne sous une forme subjectiviste, sans se sentir liés aux croyances et à des déclarations, pas de fréquence à la messe ni aux pratiques des sacrements. On est chrétien de dimanche ou de jours de fête. Ces membres s'attachent aux personnes significatives ''charismatiques'' et aux groupes de référence.

III.2.4. La séparation entre la foi et la culture

D'autres déplorent la crise dans la présentation doctrinale et l'évangélisation en général par le divorce, le '' décalage'' entre la foi et la vie ; entre la foi et la culture. La foi y apparaît comme quelque chose d'étrange, non collée aux expériences et aux exigences de la vie. La foi est vécue dans une forme de schizophrénie religieuse'' ambivalence des pensées, des sentiments, des conduites paradoxales ; deux univers contraires coexistent, celui de la foi et celui du monde culturel fait de problème politique, social, misère, la pesanteur des traditions ancestrales et la modernité, la pauvreté et l'opulence. Le désir de dialogue avec la culture est plus ressenti.

III.2.5. Les problèmes spécifiques du ministère pastoral[29]

Les ministres rencontrent quelques difficultés notamment :

Plaintes et attentes démesurées du peuple (Nb20, 1-16) Victimes de trahison (Ps 55, 12-14); (Mt26, 14-16).
Auteurs des fautes graves (Ps50); (Dt1, 37)
Découragement (Jr20, 14-18)
Epuisement (1R19, 1-9)
Persécution de toute sorte (2Co4, 5-9)
Surcharge de travail (Ex18, 13-27)
Attaques physiques de Satan (2co12, 17)

D'autres difficultés sont le résultat de la fragilité de nos sociétés modernes devenues des sociétés de consommation et de mobilité accrue :

Mauvaise gestion du temps souvent sans cahier des charges bien défini,

Absence de vision et de description des tâches,

La recherche d'équilibre entre les besoins proches de relations sociales, familiales et personnelles et les besoins sans fin du ministère,

La douleur engendrée par les critiques et le mauvais traitement interpersonnel,

L'absence de l'encouragement sous formes des résultats attendus ou de reconnaissance pour le travail accompli,

Décalages importants entre les attentes de l'Eglise et les capacités des membres,

La sécheresse spirituelle causée par l'activisme,

L'absence de planification, du fil conducteur et de vision, L'absence parfois de cette union des volontés et des cœurs entre les membres d'une même équipe

[29] J.WARD, « Problèmes spécifiques du ministère pastoral », in C. PAYA, *Dictionnaire de théologie pratique*, Excelis, 2011, pp574-580.

pastorale,

La tendance pour les responsables à brimer les initiatives réalistes et valables,

La difficulté de travail en équipe, de discussion en équipe et de tenir compte des avis valables pour une élaboration définitive,

L'attentisme et manque de créativité,

L'impossibilité de rendre compte à l'équipe de la marche de ses activités dans les réunions programmées,

La manie de changer pour changer, c'est-à-dire vouloir bouleverser inconsidérablement ce qui a été avant soi, ou abandonner telle œuvre pour la remplacer par telle autre. Il faudra commencer par chercher à compléter et à améliorer ce qui existe déjà[30].

III. 3. La discordance entre l'idéal socioculturel et notre pratique pastorale

III.3.1. Le défi éthique

Nous traversons une crise de convictions humaines et spirituelles qui s'accompagne de la crise d'adhésion aux personnes responsables des Eglises et communautés. C'est la crise de modèle de repères éthiques et de références religieuses. Les membres de l'Eglise deviennent plus exigeants envers leurs pasteurs. A ce sujet, Paul Ricœur relevait le paradoxe caractéristique de notre époque, à savoir : "la demande d'une réponse éthique est la plus forte au moment où les références communes sont les plus faibles". Les adeptes semblent plus accrochés à des personnages charismatiques qu'à des grandes structures. C'est l'attachement aux faits thaumaturgiques, de miracles, de spectacles qui semblent selon certains, plus certifier la présence de Dieu que les pratiques religieuses ordinaires. C'est la crise identitaire de la foi. Elle se développe, comme le

[30] C. PAYA, *Dictionnaire de théologie pratique*, Excelis, 2011, p. 528.

souligne Ka Mana, en " des spiritualités d'enthousiasme, d'exubérance et d'incandescence sacrale sans commune mesure avec les exigences de transformation fondamentale de nos sociétés et de nos systèmes institutionnels"[31].

III.3.2. Défis de la santé et de cure spirituelle

La recherche de la santé et de cures spirituelles préoccupe de nombreuses personnes affectées par des maladies et des difficultés de tout genre. C'est un défi corollaire au précédent. Nous avons les cas de maladies réfractaires au traitement médical ou liées aux limites de nos structures sanitaires qui font que ces maladies deviennent, incurables. Il y a aussi des cas de maladies par envoutement, sorcellerie, magie qui deviennent tout comme l'atteste le professeur SANTEDI, "une préoccupation obsédante pour la majorité de nos congénères"[32].

On observe ainsi pour cela des défilés des hommes et des femmes qui passent d'Eglise en église, de secte en secte, de souci de la cure traditionnelle et de la thérapie chrétienne ou musulmane à la recherche de la guérison, de la chance, de protection, de la délivrance, des bénédictions, etc.

Nous observons plus souvent la persistance des croyances ayant trait à la sorcellerie en tant qu'explication culturelle du mal, de la maladie, des échecs professionnels ou affectifs, de stérilité, de vies célibataires. Malheureusement, ces problèmes sont rejetés ou sont privés d'attention de certains pasteurs quand ils sont sollicités, les qualifiant d'imaginaires. "Nous devons prendre nos congénères tels qu'ils sont, avec leurs représentations individuelles ou collectives, leurs expériences douloureuses indéniables, leurs angoisses et leurs

---

[31] KA MANA cité par Léonard Santedi Kinkupu, *Les défis de l'évangélisation dans l'Afrique contemporaine, Paris, Karthala, 2005, p. 73.*

[32] Ibid., p. 34.

malheurs, souligne le professeur SANTEDI"[33].

Le manque d'attention et le traitement avec légèreté de ces questions qui sont vitales pour nos fidèles ont souvent servi de porte ouverte vers les sectes et les charlatans dans nos milieux paroissiaux.

III.3.3. Le défi politique, sécuritaire

Les situations de guerre et d'insécurité croissante rendent les personnes de plus en plus vulnérables et affaiblies dans leur engagement spirituel. Des familles sont disloquées. Des situations de kidnapping des gens devenues à la une presque partout dans nos milieux, de tueries fragilisent les tissus sociaux. Nous avons aussi des cas malheureux des déplacés de guerres, des réfugiés, des victimes de marginalisation et de discrimination, avec le cortège des conflits...

Les activités pastorales seront pertinentes pour ces populations quand elles seront axées à chercher des solutions pertinentes. Nous savons le risque auquel s'exposent même certains pasteurs soucieux de répondre à ce défi pastoral en cas de conflit interethnique. Les situations obligent les pasteurs à inventer une réponse nouvelle de la foi et de la doctrine face au défi rencontré. La vocation du ministre est aussi d'être la voix des sans voix, partout où il y a règne de la discrimination, d'exploitation et de marginalisation.

En ceci dépend aussi la crédibilité du ministère. Plusieurs observent parfois l'attachement des fidèles aux pasteurs préoccupés de leur situation quotidienne d'insécurité qui ne les abandonne même s'il est lui-même le plus insécurisé, « le Bon berger veille sur le troupeau » (Jn 10, 10-11).

III.3.4. Le défi de la pauvreté, de la misère et de la crise financière

Beaucoup de pasteurs surtout dans les milieux ruraux, traversent des difficultés énormes liées à la misère et la pauvreté des personnes. Ces situations

[33] Ibid., p. 34

sont aussi à la base des conflits latents, déclarés et causés par la mentalité de la haine, de la jalousie, des injustices sociales, du soupçon et de la psychose autour de la sorcellerie et des esprits mauvais qui provoquent la chasse à l'homme.

A ce stade on peut se poser la question de savoir combien de curés pensent redynamiser les structures de commissions justice et paix, la pastorale de la charité et développement et l'élan de générosité et de solidarité ?

Les chrétiens sont très sensibles à l'égard des pasteurs qui les assistent dans leurs souffrances et misères. Nous pouvons énumérer aussi l'analphabétisme, l'illettrisme, le manque des structures sanitaires élémentaires, le délabrement de routes qui demandent une assistance, l'implantation d'écoles, de centres de santé et l'entretien de routes pouvant soulager la population.

Bien plus, face à la situation de vie difficile que traversent plusieurs ministres, une initiative est entreprise de prise en charge de l'Eglise par les fidèles. Néanmoins, les fidèles sont parfois misérables et éprouvent des difficultés pour y répondre. Une initiative d'autopromotion voire d'encouragement des pasteurs stimuleraient davantage ces derniers.

Quel intérêt accordons-nous à la formation permanente des agents pastoraux et surtout des laïcs à qui nous confions certaines responsabilités ?

III.4. De déficit de la catéchèse et ministère d'enseignement

Le constat amer observé sur la pastorale, en général, est aussi ressenti sur la pastorale catéchétique. La catéchèse semble être mise à côté dans certains milieux pendant que c'est elle qui forme les nouveaux chrétiens à la doctrine. L'ignorance de la doctrine, de l'enseignement de l'Eglise est un grand défi qui menace notre temps, « *Mon Peuple périt par manque de connaissance* » (OS. 4,6...). Nous vivons une crise de rectitude doctrinale et d'approfondissement spirituel.

Il s'agit là d'un phénomène qui compterait parmi bien des raisons qui justifient l'émergence des sectes. La plupart des fidèles qui ont abandonné la foi catholique déclarent que c'est parce qu'ils n'ont pas été suffisamment instruits sur la doctrine. D'autres nous quittent après avoir reçu les sacrements d'initiation. D'autres restent, par contre, des non pratiquants. D'autres encore vivent dans le syncrétisme religieux.

Tous ces faits nous interpellent au plus haut point. La catéchèse et le catéchisme sont des secteurs à redynamiser. Quel résultat de travail catéchétique peut-on espérer au cas où les acteurs de ce secteur ne sont pas bien encadrés ? En effet, si la foi et la religion catholique ont pénétré nos villages africains, ce fût l'effort considérable des vaillants catéchistes formés, encadrés et dévoués pour répandre la foi catholique. La catéchèse est la tâche primordiale de l'Eglise, une expérience aussi ancienne que l'Eglise, une étape fondamentale de l'évangélisation. Dans ce sens, l'Abbé Jacques NZIR souligne « *Si le rôle de l'Eglise est de faire la catéchèse, d'enseigner et d'éduquer les fidèles à temps et à contre temps, les responsables en sont-ils conscients, et exercent-ils réellement et normalement leur tâche pédagogique en la matière* »[34].

Le défi se focalise sur la nature de la catéchèse pour la maturation de la foi au niveau cognitif, affectif, et actif. Il importe de s'interroger sur la place que nous accordons à la catéchèse sacramentelle, catéchèse scolaire et catéchèse permanente. Les chrétiens sont les fruits d'un enseignement bien approfondi. Il s'observe plus souvent qu'une attention n'est pas portée sur la formation sous forme de recyclage pour les catéchistes en paroisse et dans les CEVB.

Les catéchistes sont plus souvent des volontaires, d'une vie précaire, d'une catéchèse non révisée ni adaptée ; des papiers des manuels déchirés. L'absence totale du curé dans des séances d'instruction.

---

[34]J. NZIR(Abbé), *Catéchèse contextualisée comme éducation totalisante à la foi au Congo dans une théologie prophétique pour l'Afrique, Kinshasa, Saint Paul, 2003,* p. 357.

Dans la catéchèse scolaire, il y a confusion avec les cours des religions dans les classes. La catéchèse scolaire comprend l'accompagnement spirituel doctrinal et moral de toute la communauté scolaire (cours de religions, célébration eucharistique, recollection, conférence, dialogue pastoral...)

Tous les chrétiens ne sont pas régulièrement bénéficiaires d'une formation permanente. La catéchèse s'arrête avec la réception des sacrements d'initiation ou de mariage. Où en est-on avec la complicité famille, Eglise, école ? La conséquence c'est l'ignorance doctrinale qui fait que les chrétiens deviennent la proie de sectes, et d'autre mouvement religieux. Nos structures ecclésiales paroisse communauté deviennent des plus en plus des pépinières.

III.5. Les défis liés au gouvernement et administration d'une paroisse

Les défis se situent à trois niveaux : l'équipe sacerdotale, prêtres-laïcs, les actes d'administration.

Dans l'équipe sacerdotale : l'essence de la famille ne s'observe pas souvent dans la collaboration entre prêtres dans une paroisse. Les rapports entre curé et vicaire sont toujours à redéfinir. Il s'observe une lecture unilatérale de certains textes qui mettent trop l'accent sur le pouvoir du curé. Ce dernier s'octroie tous les pouvoirs et les vicaires deviennent parfois des exécutants des décisions, inactifs et exposés aux tentations diverses. Les vicaires brillent parfois aussi par un certain immobilisme laissant toutes la charge aux curés, attendant qu'ils lui dictent tout.

Certains curés vont jusqu'à oublier que les vicaires sont aussi prêtres et pasteurs dotés des obligations de trois charges, les privent même de la célébration de la première messe et des messes du mariage à causse des certaines prérogatives. Les curés qui sont conscients du sens du travail en équipe, confient des charges aux vicaires. Ces derniers arrivent parfois à oublier et négliger de faire rapport aux responsables. Ces situations créent des crises. L'évêque confie une paroisse à l'équipe sacerdotale.

Dans certaines paroisses les curés ne font pas participer les vicaires dans les conseils paroissiaux, structure importante de coordination pastorale. La difficulté s'observe en cas d'absence du curé pour l'actualisation de l'enseignement et l'accompagnement des commissions. Dans certaines paroisses les réunions de l'équipe sacerdotale sur le plan pastoral ou spirituel ne s'observent pas, sans parler de la prière communautaire qui est la clé de voute de fraternité.

Certains prêtres curés ou vicaires semblent collaborer dans la marche de la paroisse en général ou secteur, plus avec des laïcs que leurs confrères prêtres et leur donnent plus de confiance et des responsabilités.

La considération des laïcs comme agents pastoraux de droit et de fait n'est pas souvent ressentie. Ils sont souvent utilisés pour une certaine situation difficile. Leurs avis ne sont pas parfois pris en compte quand ils ne cadrent pas avec la volonté de leurs pasteurs même s'ils paraissent logiquement fondés. La conséquence c'est la monotonie et la répétitivité.

Des laïcs de leur part, jouissant d'une majorité ont parfois tendance à peser pour imposer leur volonté. La motivation de leur engagement est souvent discréditée par la recherche effrénée du pouvoir, des intérêts matériels et la remise en question du pouvoir sacerdotal.

Dans les actes et registres d'administration, il arrive le plus souvent que le fonctionnement du bureau paroissial n'est pas très opérationnel. D'abord le bureau paroissial n'existe pas et s'il existe, il est occupé à autre chose comme pharmacie, cyber, bureau informatique ou activité génératrice des revenus. Ceci peut démontrer où est la priorité dans ce cas.

Plusieurs fois, il s’observe la non tenue régulière de compte rendu de réunions des commissions, des mouvements d'action et d'autres réunions importantes de la paroisse. Les décisions prises n'ont pas des mécanismes de suivis et évaluation. La tenue des registres paroissiaux se bute au même problème. C'est la grande crise d'administration observée parfois par l'absence des réponses au Quaeritur, l'enregistrement des sacrements obtenus par les baptisés en paroisse. Le souci de se doter des registres ou de leur renouvellement ne s'observe pas. Les dépenses sont faites parfois pour beaucoup d'autres choses que ces éléments.

III.6. Les défis liés à la célébration des sacrements et la pratique des sacramentaux

III.6.1. Les sacrements

Notre vie et notre ministère se fondent et se dynamisent par notre effort constant et souci continuel de sanctification dans la pratique des différents moyens dont dispose notre mère l'Eglise par les sacrements et les sacramentaux. « La sanctification de l'homme est signifiée par des signes sensibles et d'une manière propre à chacun »[35].

Le problème surgit le plus souvent sur le soin que nous apportons nous même à la célébration des mystères sacrés. Quelle considération du sacrement révélons-nous aux chrétiens ? Quel soin accordons-nous aux célébrations surtout eucharistiques qui peuvent démontrer aux fidèles notre conscience et notre conviction, notre foi dans tout ce que nous faisons à partir du respect et de la piété avec lesquels nous célébrons.

Nos célébrations surtout eucharistiques souffrent parfois d'une certaine légèreté par la non préparation spirituelle, matérielle et la précipitation. Les fideles découvrent parfois que nous n'avons pas du cœur dans ce que nous faisons. Il s'observe parfois l'absence du recueillement, du silence qui entoure la

[35] Sacrosanctum Concilium sur la Liturgie 7

célébration. C'est recommandé, un recueillement préliminaire pour pouvoir accueillir le grand mystère qui surpasse la parole même l'intelligence. Le silence est conseillé à la préparation de la messe, à la préparation pénitentielle, après toute invitation à prier, après la lecture ou l'homélie et après la communion.

L'eucharistie est un rite qui se vide peu à peu de son sens sacré. Elle subit parfois des improvisations, des boursouflures liées à nos sentiments et dévotions qu'on impose aux autres. La règle d'or de la liturgie est ne rien ajouter et ne rien diminuer. Exemple : Sala ya kutubu, esakola ya mawa ou maria losako après l'homélie.

Pendant les célébrations, les fideles veulent recevoir vraiment la parole qui est nourriture pour leur vie. Le soin accordé à la préparation de l'homélie motive plus d'engagement chez les fideles. Il ne faut pas oublier souvent que nous puisons tous à la même source dans les réseaux sociaux et les autres commentaires comme missel mensuel fréquenté par tout le monde. Il faudra qu'ils comprennent une lumière du saint esprit avec leur vie. Le rite de l'eucharistie doit être fait de manière qu'il ne soit ni trop simpliste pour se débarrasser vite ni trop lourd pour devenir très gênant aux fideles chrétiens.

L'autre difficulté qui reflète la crise du sens de sacré est la valeur que nous accordons aux vases, aux linges sacrés, aux ornements liturgiques et même aux matières eucharistiques. Il arrive que nos bureaux, nos chambres soient très propres bien parfumés que nos sacristies, nos oratoires, nos autels, et nos chapelles et Eglises. Ce qui crée une désharmonie ou dégout dans la dimension cosmologique du salut. Nos missels, nos lectionnaires, apparaissent comme des livres les plus déchirés en l'ambon avec difficulté de déchiffrer les lettres. Le besoin de renouvellement n'est pas parfois une priorité. Le coût financier est parfois plus ressenti dans les matières eucharistiques que dans d'autre divers de la société. L'hostie dans certaines paroisses est coupée en quatre morceaux comparables à des poussières, le vin comparable à une goute d'eau.

Il arrive que les fidèles participent aux sacrements sans comprendre la signification des gestes, signes, des objets et linges. Ce qui a pour conséquence la considération ésotérique ou magique du rite et du ministère.

III.6.2. Les sacramentaux

Ces derniers visent à nous ramener aux sacrements[36]. Malheureusement notre société est marquée de nos jours par le primat de sacramentaux sur le sacrement. La recherche assoiffée de l'eau bénite sur les autres pratiques sacramentelles, la valeur d'une assemblée des prières ou effusion sur le sacrement de l'eucharistie et la valeur de l'effusion sur l'ordination sacerdotale, qui va jusqu'à exiger au prêtre d'être effusé pour bien accompagner les membres de certains mouvements.

Certaines pratiques de dévotion et de piété qui ont façonné l'Eglise, tombent à désuétude au primat d'autres formes d'exubérance dans la religiosité populaire. La référence à ces dévotions traditionnelles (chapelet, adoration...) est commandée par ces formes. Il se pose un sérieux problème de hiérarchie entre les pasteurs de l'Eglise et les personnages charismatiques du groupe et entre les personnages de la trinité ainsi que la vierge Marie et autres saints et saintes.

---

[36] *Sacrosanctum concilium, sur la liturgie*. 7.

IV. PERSPECTIVES THEOLOGIQUES ET PASTORALES

IV. 1. Conversion pastorale et missionnaire

En effet, au regard de ces quelques défis répertoriés et d'autres que chacun de pasteurs rencontre dans le champ d'apostolat, la mission de l'évangélisation face aux mutations vastes et profondes de la société actuelle devient plus exigeante.

Le besoin de revisiter nos méthodes pastorales face aux défis de l'heure est, de nos jours, plus ressenti. Nous devons revoir notre manière de travailler, réexaminer tout. Mgr Théophile KABOY renchérit en ces termes" conscient de ce pourquoi il a été mis à part pour la cause de l'évangile, le prêtre ne peut pas travailler n'importe comment. Il doit éviter tout travail brouillon ou marqué par la dispersion '[37]. Ne perdons jamais de vue les défis relevés sur notre ministère spécifique.

C'est dans cette perspective que le Très Saint Père se situant dans la dynamique de la nouvelle évangélisation a encouragé la conversion pastorale et missionnaire :

« *J'espère que toutes les communautés feront en sorte de mettre en œuvre les moyens nécessaires pour avancer sur le chemin d'une conversion pastorale et missionnaires qui ne peut laisser les choses comme elles sont. Ce n'est pas d'une simple administration dont nous avons besoin. Constituons-nous dans toutes les régions de la terre en un état permanent de mission"*[38].

Pour concrétiser ce souhait, l'Eglise encourage une attention à l'homme pour lui permettre la rencontre avec Dieu qui suscite la joie. Il souligne aussi une sortie missionnaire d'apostolat qui jaillit de la rencontre fondatrice avec l'amour.

---

[37] Mgr Théophile KABOY, *Notre ministère paroissial. Quelques points de repère*, inédit, 2005. P.7.

[38] FRANCOIS Evangelii Gaudium, L'annonce de l'Evangile 25.

L'expérience de la rencontre impulse un nouvel horizon. C'est l'horizon de la sortie pour aller à la rencontre de toutes les périphéries, pour se faire le prochain de toute personne rencontrée et créer un dialogue de personne à personne.

Bref ramener les âmes aux Christ, sentir l'odeur des ouailles et constituer la seule famille de Dieu. C'est la dimension ou l'option de l'Eglise famille de Dieu qui était prise par notre Eglise du Congo" la nouvelle évangélisation aura atteint son but, quand nous aurons réussi l'évangélisation en profondeur, en occurrence quand nous aurons réussi à construire une Eglise famille de Dieu dans notre pays »[39].

De ce fait, soutenir la nouvelle évangélisation suppose et exige dans notre ministère au niveau paroissial, comprendre et vivre cette image de la famille qui met l'accent sur l'attention à l'autre, la solidarité, la chaleur des relations, l'accueil, le dialogue et la confiance.

Cette réalité de la famille doit aussi rendre possible l'éradication de toute forme d'ethnocentrisme et de particularisme. C'est aussi mener une vie et organisation pastorale contraires à l'autosuffisance, au repli sur soi, au statu quo, une conception pastorale selon laquelle il suffirait de faire comme on a toujours fait. Nous préférons souvent continuer sans esprit critique avec ce que l'on a toujours fait sans se demander si cela exige beaucoup d'effort pour peu de fruits.

Nous présentons ces quelques situations pour lesquelles notre conversion pastorale et missionnaire peut être focalisée comme chargé d'âmes.

1. **L'Eglise en sortie :** porter notre attention vers les non pratiquants, les incroyants, les frammaçons, les sorciers, les féticheurs qui sont aussi l'objet du besoin ardent du cœur de Jésus, ''j'ai d'autres brebis ...aller aussi vers les chrétiens ordinaires par des visites à domicile

[39] CENCO, *Directives sur la Nouvelle Evangélisation et Catéchèse dans la perspective de l'Eglise Famille de Dieu*, n°102

2. **L'Engagement pour l'homme :** savoir que la crédibilité de l'Eglise passe par le combat pour l'homme, le souci de sa dignité, la défense des exclus, les marginalisés de la société, les souffrants, les pauvres analphabètes, les prisonniers... car l'homme est la première route fondamentale de l'Eglise.

Les chrétiens restent très sensibles à l'égard des pasteurs qui les assistent dans leur souffrance, pauvreté, misère

3. **Le souci de lucidité et de discernement :** c'est surtout dans la religiosité populaire avec les spiritualités d'enthousiasme, d'exubérance et d'incandescence sacrale sans commune mesure avec les exigences de transformation fondamentale de nos sociétés et de nos systèmes institutionnels : une Eglise qui chante gloire à Dieu au milieu d'un peuple qui souffre.
4. **La préoccupation de la santé et de la cure spirituelle :** cas des malades réfractaires au traitement médical, maladies incurables, envoutement, sorcellerie, magie qui sont comme des préoccupations obsédantes où nous devons prendre nos congénères tels qu'ils sont avec leurs représentations individuelles ou collectives, leurs expériences douloureuses, et non gérer leurs soucis avec méfiance.
5. **Les défis du matérialisme, de la pauvreté et de la crise financière :** semblent paralyser l'action pastorale avec l'absence des moyens appropriés. Il y a aussi la poursuite des moyens personnels au mépris des obligations pastorales.
6. **L'importance de se cultiver aux sources doctrinales de la tradition :** la culture de l'intelligence domine de plus en plus notre société. L'ignorance doctrinale du pasteur qui ne se cultive pas le rend vulnérable, hostile aux réflexions rigoureuses, complexé et nerveux dans les réunions pastorales, conduisant ainsi à des décisions

arbitraires.

7. **L'ouverture au dialogue et l'inter disciplinarité :** c'est la capacité du dialogue, être capable de recevoir des autres hommes des significations existentielles comme trésor de son action.
8. **Défi d'un plan pastoral fixe :** travailler dans l'improvisation en ordre dispersé.

IV. 2. Le sens du mystère

Dans *Evangelii nuntiandi, le pape Saint* Paul VI a défini l'évangélisation comme mission essentielle de l'Eglise et comme son identité propre" Evangéliser est en effet la grâce et la vocation propre de l'Eglise, son identité la plus profonde ; elle existe pour évangéliser"[40]. De ce fait, il importe de savoir que l'évangélisation est l'œuvre de Dieu. Elle découle du plan de Dieu, du mystère de Dieu. C'est ce que les pères conciliaires ont compris et y sont revenus plusieurs fois. La mission évangélisatrice de l'Eglise s'enracine dans le mystère de l'amour infini de Dieu le Père pour l'humanité. Lui qui, voulant sauver le genre humain, a envoyé son fils qui a réalisé l'œuvre de notre salut et a répandu l'Esprit à ses envoyés pour qu'ils portent la bonne nouvelle à toutes les nations[41].

Cette considération et cette conception méritent d'être soulignées. Nous ne devons jamais perdre de vue que le ministère que nous exerçons tout comme l'Eglise dans laquelle nous sommes envoyés ne sont jamais notre propriété ou notre affaire à nous. C'est la propriété de Dieu qui agit de manière invisible indépendamment de nous. Nous ne sommes que des serviteurs, envoyés de Dieu (Mc16, 15) ; des serviteurs quelconques, des vases d'argile, porteurs du mystère de Dieu.

En effet, plusieurs textes de l'Ancien Testament et surtout de l'Evangile

[40] PAUL VI, *Evangelii Nuntiandi* n°14

[41] *Lumen Gentium sur l'Eglise* 2.

soulignent cette dimension d'un Dieu l'unique bon berger, qui veuille sur sa vigne et envoie des vignerons bons et mauvais marqués par la fragilité depuis David...

La pastorale comme instrument efficace de l'évangélisation répond donc à l'appel de Jésus lui-même le bon pasteur qui envoie des ouvriers dans sa moisson (Jn10). La mission principale c'est annoncer son Evangile (Mt28).

De ce fait, toute activité ou pratique pour être qualifiée de pastorale doit s'enraciner d'une expérience de foi, de mystère de Dieu et s'alimenter continuellement à cette source pour atteindre sa finalité de salut, de conversion, de transformation. Il nous faut donc entrer et être pénétrer du mystère de Dieu qui dépasse toute compréhension humaine et tout ce que nous pouvons penser ou imaginer. Ce constat nous poussera à cultiver l'humilité dans notre ministère mais aussi à éviter de nous décourager devant les difficultés et surtout à avoir confiance dans l'action de Dieu., dans sa providence au- delà parfois de nos limites, de nos qualités et nos imperfections.

Il s'agit de la confiance totale en l'intervention de Dieu dans tout ce que nous faisons et agissons, ainsi que de l'abandon total en la miséricorde divine. Le Très Saint Père le souligne clairement par la dénomination de sens du mystère " nous avons besoin de certitude intérieure. C'est-à-dire de la conviction que Dieu peut agir en toutes circonstances même au milieu des échecs apparents ; car nous tenons ce trésor en des vases d'argile (2Cor4-7). Cette certitude s'appelle sens du mystère. C'est savoir avec certitude que celui qui se donne et s'en remet à Dieu par amour sera certainement fécond. Cette fécondité est souvent invisible, insaisissable, car elle ne peut pas être comptée[42].

Nous avons donc à puiser dans l'enseignement de l'Eglise pendant notre ministère et nous laisser conduire par l'Esprit. C'est l'exemple que nous puisons aux expériences de premières communautés qui cherchaient à savoir la volonté

---

[42] FRANCOIS, *Evangelii Gaudium, L'annonce de l'Evangile*, n°279

de l'Esprit de Dieu pour son Eglise. La bonne nouvelle que nous annonçons est d'abord suscitée par l'Esprit Saint que nous avons reçu pour le ministère dans notre ordination sacerdotale.

Jésus a plusieurs fois exhorté au sens de la foi, de la confiance totale à la miséricorde et la tendresse de Dieu, « sans moi, vous ne pouvez rien faire ». C'est pourquoi son souhait sans cesse et à tout moment, jusqu'à l'agonie à ses apôtres était d'avoir foi en Dieu. '' Alors Jésus leur déclare, ayez foi en Dieu. Tout homme qui dira à cette montagne enlève toi de là, et va te jeter dans la mer, s'il ne doute pas dans son cœur mais croit que ce qu'il dit va arriver ; cela lui sera accordé. C'est pourquoi, je vous le dis, tout ce que vous demandez dans la prière vous sera donné" (Mc11, 22-24). Saint Paul, dans son humilité ne cessait de reconnaitre la manifestation de la puissance de Dieu dans son ministère et dans sa propre vie. C'est le témoignage qu'il présentait dans différentes communautés sur les effets de la grâce de Dieu : « Paul apôtre du Christ Jésus par la volonté de Dieu...à vous la grâce et la paix de la part de Dieu et Seigneur Jésus-Christ » (1Cor1, 1-3). Son effort était de s'oublier dans tout ce qui se faisait par ses mains et ramener à Dieu la gloire, mais aussi il ne cessait d'avouer ses limites, ses faiblesses pour reconnaitre l'action de Dieu dans les merveilles accomplies par son canal.

Saint Jean Paul II souligne l'enracinement de la communauté ecclésiale dans le mystère du christ en insistant que la tâche pastorale prioritaire de la nouvelle évangélisation exige que les prêtres soient radicalement et totalement plongés dans le mystère du Christ et capables de réaliser un nouveau style de vie pastorale, caractérisé par une profonde communion avec le pape, les évêques et entre eux, et par une collaboration féconde avec les laïcs, dans le respect de la promotion des divers rôles, des charismes et des ministères au sein de la communauté ecclésiale[43].

IV. 3. Du plan pastoral opérationnel

IV. 3.1. La notion

Le plan est défini par Josette REY-DEBOVE et Alain REY comme un processus de conception d'un plan du sommet à la base, une quantification des objectifs à atteindre au cours du plan. C'est ainsi qu'un ensemble des dispositions sont arrêtées en vue d'exécution d'un projet, de planification ou de programme[44].

Au niveau ecclésial, la planification stratégique pastorale est un processus à travers lequel chaque diocèse ou paroisse est appelé(é) à définir ses propres orientations et ses objectifs en matière de réussite en tenant compte des besoins pastoraux et des priorités du milieu. La planification permet aux gestionnaires et aux responsables des organisations de prendre des orientations et des décisions sur des bases rationnelles. Elle permet à toute administration de s'assurer que ses secteurs sont organisés. Pour l'Eglise, le plan stratégique ou programme d'action trace la carte routière, la feuille de route, détermine son itinéraire, identifie les obstacles et les difficultés du parcours et les moyens appropriés.

Ce document de plan stratégique constitue une véritable référence dans le ministère à condition qu'il soit bien élaboré avec des guides d'action qui sont des cahiers de charge. Plus la définition du rôle est vague, plus le risque est grand d'être pris entre les multiples attentes des uns et des autres en se noyant dans une multiplicité des tâches. Si les attentes n'ont pas été suffisamment précisées par l'Eglise et le pasteur, le travail pastoral sera selon l'idée que chacun se fait de ce qu'un pasteur devrait faire. De plus l'habitude de la répétition des sources et les malentendus qui en résultent sont souvent facteurs de frustration.

---

[43]JEAN PAUL II, *Pastores dabo vobis* "Sur la formation des prêtres dans les circonstances actuelles (1998 n°18).

[44]Cf. JOSETTE REY-DEBOVE et Alain REY, cités par Abbé Nestor SALUMU Ndalibandu et Abbé Innocent MUKAMBILWA, *Pour concevoir et conduire*... Op cit. p.100

IV. 3.2. La conception ou programmation

La conception ou programmation du plan pastoral s'appuie sur les recommandations prioritaires à partir du plan pastoral passé au niveau des différents secteurs identifiés. L'équipe technique ressort ainsi les besoins prioritaires suivis de définitions, des objectifs pulotes prioritaires. Des objectifs sont suivis des résultats en termes des changements souhaités et enfin sont entreprises des stratégies opérationnelles comme des modes d'action.

Les points saillants sont retenus et soumis à l'amendement des participants et les membres à différents niveaux pour une nouvelle censure. C'est déjà un processus de réappropriation.

Au terme de cette étape, le texte intégral est transmis à l'autorité ecclésiale compétente pour le dernier amendement et la publication en vue de la conduite du plan pastoral.

IV. 3.3. L'évaluation comme première étape :

La réflexion sur le plan pastoral doit partir d'une méthode qu'on aura fixée ensemble et de manière réflexive. D. Bernard LONERGAN dit à ce sujet : « la méthode pastorale n'est pas un ensemble de règle que n'importe qui voire un idiot, n'aurait qu'à suivre méticuleusement, c'est plutôt un cadre destiné à favoriser la créativité et la collaboration. La méthode met en relief les divers groupes d'opération ».[45] l'opérationnalité s'appuie sur l'expertise et la technicité des acteurs. La première démarche qui semble orienter tous est de partir d'une phénoménologie de la dimension religieuse présente dans la vie de tous les jours ainsi que dans le langage et l'expérience scientifique accompagnée d'une étude historique et herméneutique des textes chrétiens classiques.

Accompagner toute évaluation des textes documentaires : c'est l'étape

---

45 Bernard Lonergan cité par jean Guy Nadeau, *Pour une science de l'action pastorale, les soucis de la pertinence pratique, dans les études pastorales à l'université, perspectives, méthode et précision*, Presse de l'Université d'Ottawa, 1990, p.137-138.

communément appelée l'Evaluation qui doit se faire sur base d'une certaine orientation doctrinale pour bien juger. C'est aussi l'exigence de se mettre à l'écoute des autres. Jean Guy Nadeau dira à ce sujet "l'écoute du terrain avec son lieu, son expérience et sa compétence apparait donc comme un fondement de la pratique pastorale, comme de la praxéologie... Tais-toi et écoute. Après tu parleras"[46].

Dans cette étape, les participants venant de la base répertorient :

- **Les forces :** les réalisations, les performances, les acquis.
- **Les faiblesses :** les limites observées par rapport aux objectifs.
- **Les menaces :** ce sont des obstacles
- **Les opportunités :** ce sont des occasions favorables[47].

C'est le temps de censure de ce qui a été fait, comment on l'a fait, avec quels moyens et pour quels résultats, les difficultés auxquelles on s'est livré, comment on les a contournés et qu'est ce qui n'a pas été fait. On peut aussi parler des succès, échecs, potentialités, opportunités. Les récoltes des données de la base peuvent aussi se faire par des questions. Les résultats de ces travaux sous une formation ou séminaire stratégique peuvent servir de programmation pour le nouveau projet pastoral.

IV. 3.4. La conduite du plan pastoral opérationnel

Plus souvent le projet pastoral reste au niveau de souhait, de textes sans aboutir à des mises en pratique. D'où il faut aboutir à des actions concrètes. Elles se résument à des étapes ci-après :

- ➢ **La connaissance du champ d'action et de secteurs pastoraux concernés :** le choix des acteurs est conditionné par cette connaissance.

- ➢ **Le choix des acteurs et la description des tâches :** ce choix est

46 Jean Guy Nadeau, *Pour une science de l'action pastorale, les soucis de la pertinence pratique, dans les études pastorales à l'université, perspectives, méthode et précision*, Presse de l'Université d'Ottawa, 1990, p.140.
47 Bernard LONERGAN, cité par Jean Guy Nadeau, Op cit, p137-138.

conditionné ou commandé par la capacité et la compétence. Il faut établir clairement les tâches.

- **Le calendrier des activités :** il est important de fixer le timming des activités à partir du cahier des charges.

Le suivi et l'évaluation à mi-parcours : il faut respecter l'évaluation pour saisir l'appropriation du processus[48].

---

[48] Georges DECOURT, *Conduire une action pastorale, Théologies pratiques*, Cerf, Labor et fides, 1977, P.33.

CONCLUSION

L'objectif poursuivi dans ce travail a été de réfléchir sur la mise en pratique de l'image de l'Eglise Famille de Dieu dans la structure paroissiale. La paroisse étant la première instance de l'Eglise semble être le lieu plus indiqué pour la concrétisation de cette dynamique. L'administration est l'instrument indiqué pour sa réappropriation.

Toute administration d'une structure ecclésiale suppose l'organisation et la conduite des activités autour des exigences de prévision, de planification des activités pastorales selon une vision d'ensemble où les laïcs jouent un rôle efficace dans la conception. Ces étapes devront être suivies de l'évaluation à court, à moyen et à long terme. L'unique critère d'évaluation sera la gloire de Dieu et le salut des âmes. L'importance de la base spirituelle et doctrinale et la nécessité du travail d'équipe constituent l'essentiel de ce travail.

Le travail en Eglise exige le respect des structures canoniques et des organes de gouvernement et de communion. Le critère est tel que toute activité pastorale est un instrument d'évangélisation de l'Eglise. Elle doit alors viser le bonheur, le salut des personnes et des communautés. C'est en bref, le travail d'humanisation.

En se dotant d'un plan stratégique et d'un programme d'action, la paroisse trace en quelque sorte sa propre carte routière, sa feuille de route. Elle identifie ses problèmes, ses défis, ses obstacles et ses acquis. L'essentiel est de poursuivre un travail en équipe basé sur les sources doctrinales et spirituelles. L'apport d'autres disciplines comme celle de planification est vivement recommandé.

Ce travail communautaire a l'avantage de favoriser la maturation de la foi comme n'a cessé de le recommander le pape Jean PAUL II. ''L'action évangélisatrice de la communauté chrétienne est le signe le plus clair de la maturation de la foi. Il faut convertir radicalement son état d'esprit pour devenir missionnaire, et cela vaut pour les personnes comme pour les communautés"[49].

Telle est la grande exhortation qui ressort de cet écrit, une conversion morale, pastorale et missionnaire pour tout agent pastoral et surtout les responsables paroissiaux.

[49] JEAN PAUL II, *Redemptoris Missio*, *La mission du rédempteur*, Kinshasa, Saint Paul, 1991, n°49

BIBLIOGRAPHIE

- Sources scripturaires

1. *La Bible de Jérusalem*, nouvelle édition revue et augmentée, Cerf, Paris, 2001.
2. *La Bible africaine*, texte biblique de la TOB comprenant l'Ancien et le Nouveau Testament traduits sur les textes originaux, Paulines, Kinshasa, 2015.

- Magistère

1. *Concile Œcuménique Vatican II, Constitutions, Décrets et Déclarations*, Centurion, Paris, 1967.
2. Benoit XVI, Exhortation Apostolique postsynodale *Africae Munus* sur l'Eglise en Afrique au service de la réconciliation, de justice et de la paix, Liberia Editrice Vaticana, Roma, 2011.
3. François, Exhortation Apostolique *Evangelii Gaudium*, sur l'annonce de l'évangile dans le monde d'aujourd'hui, Liberia Editrice Vaticana, Roma, 2013.
4. Idem, Exhortation Apostolique *Amoris Leatitia* sur l'amour dans la famille, Cerf, Bayard, Rome, 2016.
5. Jean Paul II, *Redemptoris Missio*, Ed. Saint Paul, Kinshasa, 1991.
6. JEAN PAUL II, Code de droit canonique, Paris, Centurion, 1984
7. *Catéchisme de l'Eglise Catholique* cité du Vatican, Liberia Editrice Vaticana, Cerf, Paris, 1992.
8. Paul VI, Exhortation Apostolique post synodale *Evangelii Nuntiandi*, annoncer l'évangile (8 décembre 1975), dans *DC*, n° 1689 (1976).
9. Conférence Episcopale Nationale du Congo, *Directoire sur la nouvelle évangélisation et la catéchèse dans la perspective de l'Eglise famille de*

Dieu, Secrétariat, Kinshasa, 2000.

10. Idem, *Nouvelle évangélisation et catéchèse dans la perspective de l'Eglise famille de Dieu*, Secrétariat, Kinshasa, 2000.

- Les Ecrits de Théologiens

1. Précis de théologie pratique (Deuxième édition augmentée) sous la direction de Gilles Routhier et Marcel VIAU, Novalis, Lumen Vitae, Bruxelles, 2004.
2. Une théologie prophéthique pour l'Afrique, Mélanges en l'honneur des professeurs Dosithée ATAL sa ANGANG et René De HAES (sous la direction de Léonard SANTEDI et André KABASELE MULENGE), Facultés catholiques de Kinshasa, Kinshasa, 2004.
3. A société plurielle, transmission nouvelle colloque tenu à l'occasion du 50ème anniversaire de Lumen Vitae, Sommaire 2008, 3, Lumen Vitae, Bruxelles.
4. Georges Decourt, *Conduire une action pastorale, Théologies pratiques,* Cerf, Labor et fides paris et Lumen Vitae Novalis, Bruxelles, 1977.
5. Léonard Santedi KINKUPU, *Les défis de l'évangélisation dans l'Africaine*, Karthala, Paris, 2005.
6. Marcel VIAU, *Introduction aux études pastorales,* Paulines et Médiaspaul, 1987.
7. Karl RAHNNER, *Est-il possible aujourd'hui de croire, Dialogue avec les hommes de notre temp,* Mame, Paris, 1966.
8. R.P.Holstein (S.J.) L'Eglise de Jésus Christ, Analyse de la Constitution « Lumen Gentium, » Vatican II, S.d.
9. SCHURR, Pastorale constructive (Chemins de la foi), Lyon, Chalet, 1963.
10. N. SALUMU NDALIBANDU et I. MUKAMBILWA BABINGWA, Pour concevoir et conduire un projet pastoral dans l'Eglise famille de Dieu, Kigali, Palloti presse, 2018

- **Autres**

1. 1. FAO. Méthodologie et directives pour la planification du développement des pêches, Disponible sur www.fao.org/docrep/003/T0010F/T0010F 02.htm (Consultées ligne le 27Novembre 2016 10h30 ')

2. Ministère de la décentralisation et aménagement du territoire et alii. Guide Méthodologique de planification du développement local. Disponible sur www.etudier.com(consulté en ligne le 09 avril 2018)

3. Abbé Crispin BAKADISULA KATUMA Madila (Secrétaire de la Commission Episcopale pour l'Apostolat des Laïcs-CENCO), Quelques priorités pastorales pour la Nouvelle Evangélisation aujourd'hui. Disponible sur www.laici.va>macroregione-bakadisula(consulté en ligne jeudi 04 avril 2018, 7h15

4. XXX. Techniques de planification. Disponible sur https://fr.m.Wikipedia.org (Consulté en ligne le 09 avril 2018, 22h45

5. R.ERPICUM, Elaborer un projet, Kinshasa, CEPAS, 1997.

6. H.P. MADERS et Alii, Conduire un projet d'organisation, guide méthodologique, Paris, 1998, 2000.

7. C.ARNICOL (C S SP) A la lumière de Vatican II, La communion ecclésiale, in l'Ami du clergé, 76, 50 (15 décembre 1966) 721.

- **Dictionnaire et encyclopédie**

1. C. PAYA, *Dictionnaire de Théologie pratique,* Excelsis, Charles (France), 2011.
2. Le Nouveau Théo, Encyclopédie Catholique pour tous, Mame, Paris, 2009

INSTALLATION CANONIQUE D'UN CURE

Chers fidèles,

L'Eglise recommande vivement que les prêtres à qui l'Evêque confie l'office ou la charge pastorale du curé soient canoniquement présentés aux chrétiens et installés au cours d'une célébration eucharistique.

Les curés comme coopérateurs particuliers de l'Evêque

Les curés sont, d'une façon spéciale, les coopérateurs de l'Evêque. Ils sont, comme dit « **Le Directoire des Evêques en leur Ministère pastoral » ;** les intermédiaires facilement accessibles entre les fidèles et l'Evêque ; ils partagent d'une façon plus significative que les autres prêtres les pouvoirs de l'Evêque et ils le représentent dans leur communauté paroissiale où ils contribuent grandement à l'édification de tout le Corps du Christ.

Le curé, aidé de ses vicaires et des autres prêtres appliqués à la Paroisse, accomplit dans une partie du diocèse les multiples services de l'Evêque,

maître, prêtre et pasteur, avec tout ce que comporte une telle fonction,

Considérant le sérieux de cet office dans l'Eglise et combien il importe au salut éternel des fidèles de confier les Paroisses à de bons pasteurs animés d'un esprit surnaturel et donnés tout entiers au bien des âmes, il est demandé à l'Evêque, instruit par l'expérience, de choisir les curés avec un soin tout particulier. Pour former un jugement juste sur leur aptitude, il est prescrit à l'Evêque de tenir compte, non seulement de la science, mais aussi de la piété, du zèle apostolique et des autres vertus et dons requis pour le bon exercice du soin des âmes.

Le bien des âmes est la Loi suprême qui inspire l'Evêque lorsqu'il est appelé à choisir, à déplacer, à transférer des curés ou à accepter leur démission. Le respect de l'équité, au sens naturel et canonique, s'impose également.

Le nouveau curé de la Paroisse

En ce qui concerne la Paroisse. . ... le R.P (Monsieur l'abbé.......) de la Congrégation,.......... a été présenté à l'Evêque par ses supérieurs comme étant celui qui satisfait aux conditions requises par les normes de l'Eglise pour être curé. L'Ordinaire du lieu de cette Eglise locale de Kisangani a marqué son accord et a ainsi procédé à la nomination du R.P..........
Comme pasteur propre de la Paroisse... ...De la sorte, ce dernier succède au R.P.,..........

Aux termes des normes du droit canon, « le curé est le pasteur propre de la paroisse qui lui est remise en exerçant, sous l'autorité de l'Evêque diocésain dont il a été appelé à partager le ministère du Christ, la charge pastorale de la communauté des fidèles qui lui est confiée, afin d'accomplir pour cette communauté, les fonctions d'enseigner, de sanctifier et. de gouverner, avec lacollaboration éventuelle d'autres prêtres ou diacres, et avec l'aide apportée par les laïcs, selon le droit »(c.519). A ce titre, le curé est le premier responsable de la communauté paroissiale dont la charge pastorale lui est confiée. Il exerce cette charge avec la collaboration affective et effective des autres prêtres et la coopération nécessaire des laïcs.

Comme premier responsable de la paroisse, le curé devra veiller en bon père de famille à la bonne marche de sa communauté chrétienne, Il devra avoir les facultés et moyens nécessaires pour exercer efficacement cette charge.

C'est pourquoi, l'Evêque procédera tout à l'heure à la remise au curé de quelques symboles qui signifient les facultés et moyens que l'autorité compétente de l'Eglise met à sa disposition dans l'exercice de sa fonction d'enseigner, de sanctifier et de gouverner et ce, dans la limite du droit. Les symboles qui lui sont remis sont : la clé de l'église paroissiale ; la clé du clocher ; la Sainte Bible ; les vases sacrés de la célébration eucharistique et les ampoules de Saintes Huiles ; et enfin le registre paroissial ainsi que le sceau de la Paroisse.

Remise des symboles

Révérend Père, veuillez-vous lever pour que vos paroissiens vous voient,

Remise de la clé de l'église paroissiale : « Recevez la clé de l'église paroissiale pour ouvrir la Demeure de Dieu qui est le lieu de rassemblement liturgique et de rencontres de Dieu avec son peuple. En ce lieu le culte est rendu à Dieu et se raffermissent la foi, l'espérance et la charité des fidèles dont le soin pastoral vous est confié'».

Remise de la clé du clocher : « Recevez la clé du clocher pour sonner et appeler aux célébrations liturgiques les fidèles qui vous sont confiés. Que leurs voix de louange, d'adoration et de supplication montent chaque jour vers le Père à l'instar de sons de cloches qui montent vers le ciel ».

Remise de la Sainte Bible : « Recevez la Sainte Bible pour proclamer la Parole de Dieu et nourrir de cette parole de vie les fidèles qui vous sont confiés. Proclamez à temps et à contretemps cette parole dans le souci d'édifier le peuple de Dieu».

Remise des vases sacrés de la célébration eucharistique et des ampoules de saintes huiles : « Recevez ces vases sacrés et cette ampoule de saintes huiles pour sanctifier le peuple de Dieu à travers les célébrations liturgiques, sacramentelles et en particulier dans la célébration eucharistique».

Remise du Registre paroissial (et du sceau paroissial) : « Recevez le Registre paroissial pour connaître vos fidèles et amener à l'Eglise de nouveaux baptisés car le Royaume de Dieu est appelé à grandir en nombre et en qualité de témoignage de vie chrétienne ».

Acclamation

Chers fidèles de la Paroisse……... Le Révérend Père………votre curé, vient d'être canoniquement installé. Manifestez-lui votre franche collaboration pour que règne à jamais le Seigneur et que tous ensemble, vous marchiez à la suite du Christ. Amen.

TABLE DE MATIERES

Du même auteur

1. Les Prières d'exorcisme et de guérison dans l'Eglise catholique en Afrique. Lecture théologique et pastorale, Paris, L'Harmattan, 2017.
2. Les Prières d'intercession et l'accompagnement spirituel en Afrique, Mauritius, croix du salut 2018.
3. Histoire du Diocèse de Kindu (1907 2017). Lecture théologique et pastorale, Kigali, Palloti presse, 2018
4. L'Eglise catholique et droits de l'homme en RDC 1991 2016, Paris, L'Harmattan, 2018.
5. Soyons prêts à répondre à quiconque nous demande de rendre compte de notre foi (1 P. 3,15), Goma, dina printer, 2018.

Printed by Books on Demand GmbH, Norderstedt / Germany